装备综合保障标准S5000F
汇编与应用

主编　岳永威　夏　刚　崔建锋

编者　刘云龙　湛　希　陈伟林　徐　启　李旭东

顾问　黄振和　杜晓明

国防工业出版社

·北京·

内容简介

本书主要针对当前装备使用阶段数据反馈缺乏标准规范的问题，从"为什么要收集使用阶段数据""需要收集哪些数据""收集到的数据如何使用""收集到的数据如何管理"等方面，对装备使用阶段数据收集流程、收集的数据内容、数据分析方法及数据模型进行了介绍，为国内装备开展使用阶段数据的收集和反馈工作提供参考。

本书适合广大军队和国防工业部门、科研院所、大专院校等从事装备保障信息化相关领域工作的管理人员、工程技术人员和科研人员使用。

图书在版编目（CIP）数据

装备综合保障标准S5000F汇编与应用 / 岳永威, 夏刚,

崔建锋主编. -- 北京：国防工业出版社, 2019.7

ISBN 978-7-118-11915-2

Ⅰ.①装… Ⅱ.①岳… ②夏… ③崔… Ⅲ.①军事装

备—装备保障—军用标准—中国 Ⅳ.①E246-65

中国版本图书馆CIP数据核字(2019)第116416号

※

国防工業出版社 出版发行

（北京市海淀区紫竹院南路 23 号　邮政编码 100048）
三河市众誉天成印务有限公司印刷
新华书店经售

*

开本 710×1000　1/16　印张 13 3/4　字数 210 千字
2019 年 7 月第 1 版第 1 次印刷　印数 1—2000 册　定价 68.00 元

（本书如有印装错误，我社负责调换）

国防书店:（010）88540777　　发行邮购:（010）88540776
发行传真:（010）88540755　　发行业务:（010）88540717

山之石，可以攻玉。我们可以借鉴国外成熟的标准经验。欧洲航宇和防务工业协会（ASD）组织发布的S系列标准中的S5000F标准——International specification for in-service data feedback（装备使用维护数据反馈，2016年发布）具有很好的借鉴意义。

本书针对装备保障数据处理与反馈标准化问题，持续跟踪S系列标准，开展标准跟踪与转化研究工作，目的是借鉴国外理念和思路，为国内装备使用阶段数据的收集和反馈提供支持，并提出相应数据模型，从而实现对使用阶段数据的积累和有效利用，提高装备的通用质量特性和保障能力。

本书适用于军用和民用装备/复杂产品，适用于海、陆、空或航天的所有类型装备。

在本书出版之际，衷心感谢在编撰过程中曾给予我们大力支持和帮助的国防科技大学、陆军工程大学石家庄分校和北京东方国信科技股份有限公司等单位有关领导和专家。由于各位作者知识结构、学识水平的客观限制，本书疏漏或不当之处在所难免，衷心希望各界专家、同仁不吝指教，直言批评，使本书渐趋完善。

编者
2019年6月

序　言

　　装备保障是军事保障的重要内容，是军队战斗力生成的重要保证，是使装备处于战备完好状态并能持续完成作战任务的重要基础，是装备建设中带有全局性、基础性和经常性的重要工作，在未来信息化战争中具有非常重要的地位和作用。随着信息技术在武器装备中的应用程度以及装备的复杂程度不断提高，传统的装备使用和保障管理模式已不能很好地满足现代战争的需求，以标准化为重要抓手，充分利用信息技术、通信技术、网络技术等高新技术，通过制定统一的技术标准，将装备使用和保障信息进行有效交换、充分共享，对于提高装备保障的信息化水平，提升装备的作战效能具有重要意义。

　　使用维护数据是装备投入使用之后，产生和记录装备使用和维护的相关数据，这些数据是提升装备的服务保障水平、对装备进行全面的使用和维修性能分析、增加装备的可用性、优化使用效能、降低装备寿命周期成本的基础。

　　当前多数在役复杂装备虽然在研制阶段开展了装备的通用质量特性设计分析、使用和维修相关保障分析，但由于数据的积累、分析方法和模型准确度方面的不足，导致分析的结果难以真实反映装备的通用质量特性和使用维修保障水平，而装备投入使用后，使用阶段数据管理缺乏统一标准规范，数据分散、格式多样、数据内容不全等问题导致使用阶段的数据难以积累和利用，无法对装备的通用质量特性和保障能力进行评估，更难以对装备提出改进改型需求。

　　当前国内在装备使用阶段数据收集和管理缺乏相应的标准和规范。他

目　录

第1章　标准介绍

1.1　S系列标准简介

S系列标准是由欧洲航宇和防务工业协会（AeroSpace and Defence Industries Association of Europe，ASD）、航空航天工业协会（Aerospace Industries Association，AIA）和航空运输协会（Air Transport Association，ATA）及其客户共同发布并维护的国际性标准。

S系列标准是目前国际上唯一覆盖装备全寿命周期综合保障的体系性标准，目前发布及规划中的S系列标准如下：

（1）SX000i《国际性S系列综合保障标准应用指南》；

（2）S1000D《采用公共源数据库的技术出版物国际标准》；

（3）S2000M《国际物料管理标准——军用设备的集成数据流程》；

（4）S3000L《国际保障性分析流程标准》；

（5）S4000P《制订并持续改进预防性维修国际标准》；

（6）S5000F《使用数据反馈国际标准》；

（7）S6000T《训练分析和设计的国际性标准》（制订中，尚未发布）；

（8）SX001G《S系列ILS标准词汇表》；

（9）SX002D《S系列ILS标准公共数据模型》；

（10）SX003X《S系列ILS标准兼容性矩阵》；

（11）SX004G《UML模型阅读指南》；

（12）SX0005I《S系列信息模式实施指南》。

这些标准保证了保障性分析、物料供应、技术出版物、计划性维修信息、维修反馈信息等技术数据能够在装备全寿命周期内无缝地传递和共享。上述主要标准之间的关系如图1-1所示。

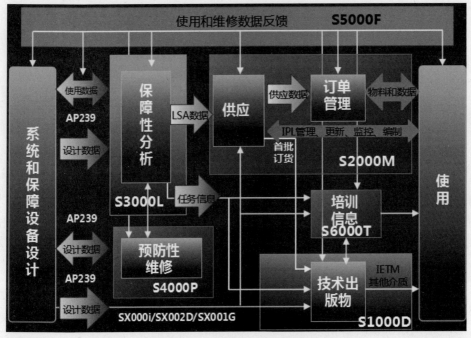

图1-1　S系列标准关系图

S系列综合保障（Integrated Logistics Support，ILS）标准目前已经成为国际性的标准，主要体现在以下几方面：

（1）S系列ILS标准是由工业单位和用户驱动编制，因此更关注结果。

（2）S系列ILS标准考虑了用户和各利益相关方，可确保标准的适用性。

（3）S系列ILS标准具备综合性和交互性。

（4）S系列ILS标准目前已经在欧洲及美军的装备保障领域，特别是航空领域取得了很好的应用，得到了普遍认可。

S系列标准所规范的技术资料、供应保障、保障性分析、规划维修等均是装备保障中的基本要素，且其侧重于解决装备保障信息化方面的问题，为装备保障中的数据收集、传输、处理、发布等提供了依据，为实现快速有效的装备保障奠定了基础。

1.2 S 系列标准在装备中的作用

编制S系列ILS标准的出发点是为所有的相关方提供通用的覆盖装备全寿命周期的服务和保障流程，应用S系列ILS标准，可达到以下效果：

（1）建立对ILS的通用理解，并将产品全寿命周期保障所需的元素和资源进行集成，形成一个国际性的ILS流程。

（2）优化产品及其保障系统的寿命周期成本和性能。

（3）制订合理的保障方案，实现对初始需求和更改的快速响应，进一步优化流程，提高数据质量，降低成本。

（4）建立用户和工业单位之间电子信息交换的桥梁。

1.3 S5000F 的编制背景

编制S5000F标准的计划最早由ASD/AIA组织于2008年提出。当时，已经制订了多个S系列标准。这些标准包括：技术出版物的标准S1000D；物料管理的标准S2000M；保障性分析（LSA）的标准S3000L。

ASD/AIA意识到需要一个标准来处理从使用现场反馈到维修人员和/或OEM的使用反馈数据，S5000F的范围是处理反馈给其他S系列标准的使用阶段数据，并确定了如下的标准编制原则：

（1）将考虑ISO 10303给出的活动模型，并支持与PLCS进行数据交换。

（2）应该包含流程应用指南和信息交换规则。

（3）应该可裁剪并包含裁剪指南。

（4）应该考虑目前的ISO/EN基线文档。

（5）应该确保能与ASD S系列标准对接，如S1000D、S2000M、S3000L、S4000P。

表决会议于2008年10月在慕尼黑举行，在会上将S5000F的目的和范围提供给了相关工业单位和组织（如部队和政府），开发工作分配给了由AIA和ASD代表作为联合主席的国际专家组。参与的公司/组织如表1-1所列。

表1-1　参与公司/组织

空客防务和航天	德国、西班牙
仙女座系统	美国
BAE系统	英国
波音	美国
德国国防军	德国
达索航空	法国
ESG	德国
共同军备合作组织	欧洲（总部在德国）
O'Neil	美国
罗罗	英国
萨伯	瑞典
英国国防部	英国

1.4　S5000F 的应用范围

S5000F的范围是处理来自产品使用阶段的信息（使用人员反馈给原始设备制造商（OEM）和/或维修人员或OEM和/或维修人员反馈给使用人员），标准中的流程重点关注使用和维修反馈信息以及其他活动在使用阶段产生的信息。在SX000i中，将产品寿命周期分成准备、研发、制造、使用和处理五个阶段。

最后两个阶段，使用和处理阶段是S5000F重点关注的阶段。同时，该标准也可用于产品寿命周期中任意时间的数据交换。如用于在研发阶段在进行测试、外场试验和原型机制造时提供反馈数据。这些协议和数据处理设施也同样可用于使用阶段。

S5000F可用于使用现场与OEM之间的信息交换，数据流是双向的，可以在复杂的服务合同中使用，如图1-2所示。

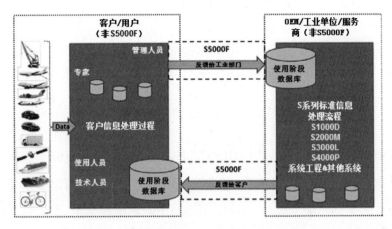

图1-2　数据交换流程和使用阶段数据库

在"第15章数据交换"中提供了数据交换和数据存储相关的详细信息。

图1-3显示了ILS过程中的系统或产品在使用阶段数据分析处理所需的活动和使用情况。反馈数据会送给关注S5000F XML模式或产品寿命周期保障（PLCS）的组织。

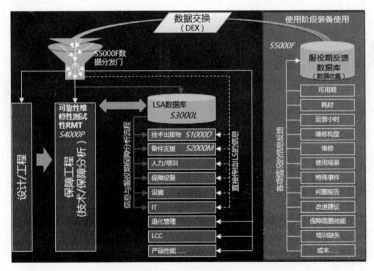

图1-3　使用阶段ILS过程中所需的活动

1.5　S5000F 标准应用指导

本节提供了S5000F的章节总览、一些基本定义和通用术语。

1. S5000F过程的剪裁

为确保有效应用S5000F，S5000F被设计成允许根据特定反馈需求或特殊项目或应用功能由用户灵活选用，即可对S5000F标准进行裁剪。每章都可进行选择或裁剪。

2. 术语和基本定义

在S5000F中定义了一些通用术语以辅助理解，减少复制。这些术语只在第一次出现的章节进行解释。缩略语也类似。第16章给出了术语、缩略语和定义的完整列表。表1-2给出了一些通用的术语和基本定义。

表1-2 通用术语和定义

术语/定义	描述
AIA	航空航天工业协会
ASD	欧洲航宇和防务工业协会
ATA	航空运输协会
ILS	综合保障
LRU	现场可更换单元
OEM	原始设备制造商
PLCS	产品寿命周期保障
产品	任何平台、系统或设备（所有民用或军用航空、船舶、地面运输、设备或设施）
项目	研制、维护或处理产品的任务
SRU	车间可更换单元

1.6 S5000F 标准的结构

S5000F以章节形式组织。对S5000F标准裁剪的需求和深度取决于所应用项目的特点。

第1章提供了S5000F标准的总览，还介绍了标准的背景及参与制订单位。

第2章介绍使用和维修数据反馈流程，用于指导包括客户和承包商的产品编队经理、综合保障（ILS）经理、MRO经理和其他组进行系统优化和产品使用。此外，还提供了反馈数据与保障活动以及相关标准的映射关系。在SX000i标准中也有相关定义。

第3章介绍了收集可靠性、可用性、维修性、能力和测试性（RAMCT）分析所需的用户数据的通用活动、基础定义和基本数据。所有需要通过工程或使用监测、更改工程设计和备件供应来确定装备性能指标的人员都需要仔细阅读本章。

第4章定义了维修数据反馈流程。本章提供了维修分析的流程以及维修分析所需交换的数据。

第5章定义了安全性分析所需的反馈数据，并介绍了相关的业务场景。

第6章可补充S2000M中定义的交换信息，提供传统供应过程中未包含的服务合同管理所需的额外的供应保障信息。

第7章介绍了如何基于使用阶段和处理阶段的相关成本元素确定并建立成本分解结构（CBS），指出分析寿命周期成本不能只考虑研制或采购系统的一次性成本，而是应该考虑贯穿寿命周期的所有活动产生的成本。

第8章介绍了质保数据的反馈，以及如何基于这些数据提供用于验证质保声明和相关的缺陷管理活动所需的信息。

第9章确定了收集和反馈健康和使用状态监控数据所需的通用活动、基本定义和数据范围。这些需要提供给基于健康和使用状态监测系统产生的性能指标进行使用监测、更改设计、条件监测和备件供应的人员。

第10章介绍了如何通过报废管理来确保产品在预期的寿命中可生产和可保障。该过程包含提供产品可用性所需的计划性和协调性活动。

第11章提供了执行机队/产品编队管理相关活动所需的数据列表。

第12章提供了针对不同平台技术状态管理所需的信息，包括技术状态控制所需的信息，提供给客户的初始的技术状态信息以及相应更新，需要提供给原始委托生产或其他设计方的保障、技术或法规（如确保适航）方面的信息。

第13章可用于构建管理和衡量服务合同所需的通用参数，这些参数无论承包商还是订购方都需要。

第14章提供了使用阶段在S5000F标准中其他部分没有涉及的信息反馈，或者没有定义相关的数据元素，或者是不能简单与数据元素映射（如非结构化数据）。

第15章定义了使用和维修数据反馈数据交换所需的实施指南，包括流程描述和建议存储的反馈数据。

第16章包含了本书中所用到的定义和缩略语。

第2章　使用阶段数据反馈业务流程

2.1　介绍

对新引进的系统或产品需要进行监测，以保证产品满足使用要求，并确保充分发挥产品的性能，因此需要通过信息的反馈过程以保证合理的费效比，优化产品的使用。在复杂的技术系统或产品寿命周期中，保障成本远高于采办成本，本标准为节省成本和优化产品使用性能提供了参考，它描述了对数据进行分析，将分析结果转化成建议时参与各方和信息反馈的数据流。

2.2　范围

本章提供了作为S5000F框架的使用阶段数据反馈流程的大纲。用于指导包含客户和承包商在内的机队/编队经理、ILS经理、MRO经理和其他团队进行产品使用和优化。使用和维修数据反馈可以有效推进系统改进并为产品的使用以及相关的可用性、经济可承受性以及维修性分析提供宝贵的支持。通过对不同的分析结果进行合并，可以满足客户对使用性、保障性和易用性的要求。

使用阶段数据反馈流程文件提供了如何对后续章节进行组织以定义不同任务所需的反馈数据的指南。因为所有章节都是按照指南进行组织，为使用标准的用户提供了快速参考，帮助他们查找所需的数据反馈任务的规则和需求。

如果本标准的用户知道他们的工作任务，他们就会在S5000F标准里的数据中找到他们任务所需的数据和描述。因此，本章中的过程描述可以让用户得到清晰的结构总览并知道如何使用S5000F标准。

2.3　反馈数据源

在防御装备的使用和保存期间，不同人员需要不同的信息和数据。需要反馈数据有多方面的原因，如出于关注点和任务不同，用户需要查看结构化的详细的反馈数据，数据请求人员需要信息来执行日常工作。S5000F标准关注的系统使用和维修数据如表2-1所列。

表2-1　S5000F标准关注的系统使用和维修数据

系统和产品的保存	保存
系统和产品的使用	使用
保存价值（计划性）	维修
维修（非计划性）	维修
升级	维修
集成	使用

2.4　使用阶段数据反馈流程

图2-1描述了使用阶段数据反馈的过程。正方形框表示技术活动，取决于合同，一般由客户、OEM或第三方执行。菱形框表示合同性活动。一般情况下，每个框按照规定流程执行。然而在实际过程中，不同的用户，不同的系统流程都会有区别，本章中没有考虑这些区别。本标准的重点不在于介绍产品使用阶段采用的不同业务流程，而在于提供如何以标准化和高效的方式支持相关数据应用的必要的指导。在具体的项目中由用户来决定如何应用S5000F标准中的特定规则和定义。最终目标是提供相关的数据/信息，以及接收分析或规划所需的不同使用方的数据。S5000F标准标准允许全球发布数据，所有参与方都可以进行比较或详细分析。即使用户只有一个系统的一部分数据，本标准也可以帮助他们完善所需数据。而且，也可以共享分析结果，并当由于安全原因或由于设计职责分工以及不同系统所有者不同导致数据比较分散时，对这些数据进行比较。

S5000F标准允许用户共享数据和报告,交换经验以及产品和系统的分析结果。另外,本标准还可以通过向各方发布相关数据和信息来支持下发合同要求。

在使用阶段执行该流程时,用户必须确定支持该流程所需的数据。为便于理解,目前S5000F标准中考虑的一些活动如表2-3所列。表中清晰展示了相关数据在使用阶段活动中的交叉部分。然而标准的用户还是应该到各章节去查看他们需要发送的详细信息。

最后,需要建立一个支持全过程的数据模型,以减少数据的重复使用(冗余)。

使用产品的主要任务与活动列表结合在一起,可以帮助本标准的用户定义研究或规划所需反馈的数据。

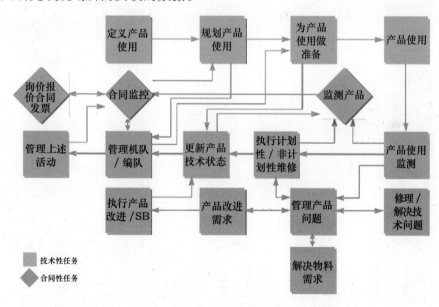

图2-1 工作流程

2.5 ILS 流程所需的反馈

使用阶段的数据可用于SX000i中定义的ILS流程中多个活动。表2-2提供了每章与不同的S系列ILS标准以及ILS流程中定义的ILS活动的映射关系。

表2-2　S5000F章节与S系列ILS标准和SX000i中ILS流程的映射关系

ILS元素	活动	ASD 标准									
		S1000D	S2000M	S3000L	S4000P	S5000F	S6000T	SX000i	SX001G	SX002D	STE-100
计算机资源	执行计算机资源分析			P		10, 12, 13		T			
	提供计算机资源							T			
影响设计	执行可靠性、可用性和维修性分析			I	I	3		T			
	执行LSA		S	F	I	3, 4, 8, 9, 10, 12		T		S	
	执行LCC分析			P		7, 8		T			
	执行设施分析			P		13		T			
设施	提供设施					13		T			
	制订维修方案			F	S			T			
	执行修理级别分析			F		3, 7		T			
	制订维修计划		S	F	I	3, 4		T			
维修	执行维修任务	S	S			3, 4, 9		T			
	执行保障性安全性分析					5		T			
	确定并持续改进预防性维修			I	F	3, 4, 9		T			
	执行计划性维修分析				F	3, 4		T			

（续）

ILS 元素	活动	ASD 标准									
		S1000D	S2000M	S3000L	S4000P	S5000F	S6000T	SX000i	SX001G	SX002D	STE-100
维修	执行诊断、监测和健康（D&PHM）管理分析					9		T			
	执行软件维护分析			F				T			
人力&人员	执行人力&人员分析			P		4、13		T			
包装储运	分析 PHS&T 需求		S	I		3、9		T			
	管理合同					13		T			
产品保障管理	获取产品保障需求		S	P				T			
	制订 ILS 计划		S	F		13		P			
	执行报废管理		S	F		10		T			
供应保障	提供供应数据		F			3、8		T		S	
	执行物料补充		F			3、8、11、12、13		T			
保障设备	分析保障设备需求			P		13		T			
	提供保障设备		I					T			
持续性工程	执行工程技术分析			P		3、3、9、19、12		T		S	
	确定&提供工程技术状态&设计更改建议	S	S	P	P	3、4、5、9、10、12		T			

ILS 元素	活动	ASD 标准									
		S1000D	S2000M	S3000L	S4000P	S5000F	S6000T	SX000i	SX001G	SX002D	STE-100
技术数据	确定技术数据包		I			12					
	编制技术出版物	F	I			3, 4, 14		T			S
训练和训练保障	执行训练需求分析（TNA）						F	T			
	制订培训计划	S					F	T			
	开发训练保障资源	F					I	T			
	执行训练	S						T			
	管理使用阶段ILS活动		S			13					
	使用阶段维修优化（ISMO）				F	8, 4, 9, 12					
其他活动（SX000i等一版中没有包含）	使用性能评估					3, 4, 6, 9, 11					
	机队/编队管理					F（11）					
	库存/仓库管理		I			6					
	质保管理		I	P		8					
	处理		S	P							

图例

F	完全包含
P	部分包含
I	不包含但该标准提供信息
S	支持
T	顶层覆盖

14

注意：因为当前版本的SX000i标准不包含使用阶段的活动，所以单独为这些活动提供了映射。

2.6 支持使用活动

所有本标准中考虑的使用阶段活动都对应标准中的具体章节。注意，这些使用阶段的活动目前没有包含在SX000i标准中，所以才单独把它们列出来。

表2-3列出了标准不同章节中考虑的活动的选择参考，以及不同章节中重复的数据。需要在数据模型中考虑这种情况。从活动中可以得到的数据元素在后续的章节中进行了定义，以确保本标准的用户确定需要支持列表中活动所需的数据。

表2-3　需要考虑的活动总览

主活动	子活动	第3章 RCMT分析	第4章 维修分析	第5章 安全性分析	第6章 供应保障	第7章 寿命周期成本	第8章 质量保合同条款	第9章 平台健康管理&使用监测	第10章 报废管理	第11章 综合机队\编队管理数据	第12章 产品技术状态	第13章 服务合同管理	第14章 未定义信息
采购	执行RFQ，签约，发票				×	×		×				×	
	合同监控	×			×	×	×	×	×			×	
	采购	×			×	×	×		×			×	
工程设计	比较分析		×	×									
	仿真	×	×	×	×	×		×		×	×		
	设计&开发工程	×	×		×		×						
	设计更改	×	×	×	×			×	×		×	×	×
	人机交互	×	×	×				×					×

15

（续）

主活动	子活动	第3章 RCMT分析	第4章 维修分析	第5章 安全性分析	第6章 供应保障	第7章 寿命周期成本	第8章 质保合同条款	第9章 平台健康管理&使用监测	第10章 报废管理	第11章 综合机队编队管理数据	第12章 产品技术状态	第13章 服务合同管理	第14章 未定义信息
工程设计	设计需求		×	×		×		×	×		×		
	产品设计	×	×	×		×		×	×	×	×	×	
	环境保障		×	×							×		
处理	执行处理		×	×	×				×	×		×	
管理	管理以上活动		×					×				×	
	业务规划		×		√	×		×		×			
	性能&风险管理	×	×			×	×	×	×	×	×	×	
监测	执行监测	×	×	×	×	×		×	×	×	×	×	×
	信息管理	×	×		×	×		×		×	×	×	
报废	报废管理		×			×			×				
安全性	产品安全性管理		×										×
持续性保障	技术保障、服务		×			×		×		×	×		
	持续性保障	×	×			×		×	×	×			
	成本记录				×	×							
测试	评估及接受测试	×	×			×		×	×		×		
	验证和评估	×				×		×				×	
	使用环境评估	×	×	×	×					×	×		×
	事件记录	×	×			×		×			×		×
机队/编队和资产管理	产品技术状态管理&更新/系统集成		×	×	×								
机队/编队和资产管理	机队/编队管理	×	×	×				×	×	×			
	技术状态管理		×	×	×			×	×	×	×		
	系统集成			×		×		×			×		
	安装	×	×	×	×	×	×				×		

（续）

主活动	子活动	第3章 RCMT分析	第4章 维修分析	第5章 安全性分析	第6章 供应保障	第7章 寿命周期成本	第8章 质保合同条款	第9章 平台健康管理&使用监测	第10章 报废管理	第11章 综合机队/编队管理数据	第12章 产品技术状态	第13章 服务合同管理	第14章 未定义信息
机队/编队和资产管理	资产管理	×	×	×	×	×	×	×	×	×			
	防御策略规划		×		×	×		×	×	×			
	工程管理		×	×		×					×		
	角色转换		×	×		×		×	×	×			
	健康使用监测					×		×					×
	分析	×	×	×	×	×	×	×	×	×			
	维修执行	×	×	×	×	×	×	×	×	×		×	×
制造	维修管理	×	×	×	×	×	×	×	×	×	×	×	×
	恢复	×	×	×	×	×	×	×	×	×		×	×
	规划客户维修序	×	×	×	×	×	×	×		×	×	×	
	使用人员维修程序	×	×	×	×	×	×	×	×	×	×	×	
	执行计划性维修	×	×	×	×	×	×	×	×	×	×	×	
	执行非计划性维修	×	×	×	×	×	×	×	×	×	×	×	×
	制造			×	×	×		×		×			
	产品任务定义	×				×				×			
	规划产品任务					×			×	×			
	产品任务准备		×			×		×		×			
	产品任务简报	×				×		×					
	产品使用	×	×	×		×	×			×			
	产品部署	×	×			×		×	×	×			
	任务剖面		×			×		×					
	确定使用要求					×							

（续）

主活动	子活动	第3章 RCMT分析	第4章 维修分析	第5章 安全性分析	第6章 供应保障	第7章 寿命周期成本	第8章 质保合同条款	第9章 平台健康管理&使用监测	第10章 报废管理	第11章 综合机队编队管理数据	第12章 产品技术状态	第13章 服务合同管理	第14章 未定义信息
制造	供应保障管理	×	×		×	×	×		×	×	×	×	
	消耗品补充	×	×		×	×	×		×	×			
	备件供应	×	×		×	×	×	×	×	×			
保密	保密		×		×	×		×		×			
销售	销售					×	×		×		×		
持续性保障	管理&更新技术出版物			×		×		×	×		×	×	×
	技术出版物管理			×		×		×	×		×	×	
	工具		×		×	×							
	设施管理		×							×			
	PHST	×		×	×	×	×					×	
	配件采购和安装	×	×	×	×	×			×	×		×	
	软件维修保障	×	×		×	×		×	×			×	
	寿命周期保障设计	×	×	×	×	×	×		×			×	
	维修车间管理	×	×	×	×	×			×			×	
持续保障技术问题	产品问题管理	×	×	×	×	×			×			×	
	解决/修复技术问题	×	×	×	×	×						×	
	产品改进申请	×	×	×	×	×						×	
	实施产品改进	×	×	×	×	×						×	
持续保障运输	训练管理		×	×		×		×	×			×	
	移动				×	×	×	×		×			

2.7 数据流

如图2-2所示，数据输入流程描述了从数据提供方到使用阶段数据反馈的数据流程，而数据需求过程描述了ASD系列标准的所需的数据或其他合作方或主任务执行所需的数据。

基于指导会议确定的规则自动将数据转换到使用阶段数据库中。这类信息的数据模型基于PLCS的格式定义，该标准同时也是数据交换所用的标准。

当某相关人员需要执行使用阶段数据分析时，他会向使用阶段数据库请求相关数据。在"2.10节过程描述"中介绍的数据交换流程会将请求的数据以DEX格式提供，这些数据可用于使用数据的分析以及与设计数据的对比。为保证与S系列ILS标准一致，流程中清晰定义了这些标准中需要开展的分析及所需的数据。超出ASD/AIA范围的分析活动的数据在S5000F的其他章节定义。

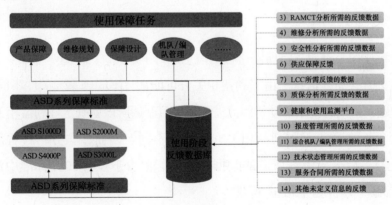

图2-2 工作流程

2.8 使用场景

标准的每章中都定义了保障所需过程的相关信息。在章节中对数据都进行了定义。

为便于理解，这些章节中基于业务场景对内容进行介绍。每章的业务场景（表2-4）基于主流程中的主要活动定义，因此会有所不同。

表2-4 业务场景总览（每章的业务场景示例）

章节号	反馈内容（缩写）	业务场景示例
3	RAMCT	监测设备的性能
4	维修分析	制造厂维修进度
5	安全性	报告安全性问题
6	供应保障	车间的库存
7	LCC	评估改进或更新的成本以及影响
8	质保问题	评估质保对维修的影响
9	健康和使用监测	转运部件的震动监测
10	报废管理	确定报废候选项，进行报废风险评估
11	机队/编队管理	编制&更新机队/编队任务计划
12	技术状态管理	产品使用技术状态反馈
13	服务合同管理	提供工作分解结构报告关键指标
14	未定义数据	图片包的反馈，项目特定信息反馈

2.9 利益相关方

标准中每章都对支持所需过程的信息进行了定义。因此这些章节会提供给利益相关方必需的信息。由于利益相关方可能来自不同国家，关注不同章节，不同主题，不同的使用活动，因此需要在项目开始阶段就确定好利益相关方。

理论上来说，不同利益相关方的活动不同。因而，预分析过程所需的数据流与事后分析流程所需的数据流不同。但由于在S5000F标准中没有明确指出哪些分析是需要进行准备的，哪些结果是要通过反馈流程回收的，最后确定只在标准中提供预分析数据的反馈。

图2-3是在计算或生成数据之前反馈的数据和任务之间的关系。不同的活动，不同的利益相关方关注的数据不同。主

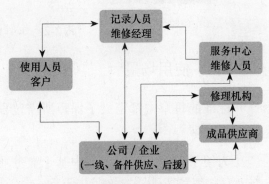

图2-3 维修过程的依赖关系

要的反馈数据由使用人员收集,并提供给不同的活动或利益相关方。图2-3展示了数据责任方和数据源的选择的示例。

理论来说,主要数据源有供应商、OEM、客户/系统使用人员、维修机构。

要开展不同类型分析必须对原始数据进行转换。因为OEM是系统的开发者,需要进行数据真实性检查,所以大量的数据应该由他们进行转换。OEM要将所需的数据交给执行分析机构,该机构可能是一个流程,也可能是一个公司。详细的交付过程必须在指导会议上分析项目的起始阶段并进行定义。

可以定义不同的业务场景来解释该流程。RM&T流程的总览解释了分解结构应该像什么样的。而且在例子中介绍了计算相关的关键指标所需的RM&T反馈,这些关键指标可用于用户的比较系统或产品选择。该标准的目标是建立一个流程,可以让使用方、OEM对使用和设计进行比较,甚至对不同系统进行比较。

2.10 过程描述

本章描述了应用过程,该过程为分成不同层级的ICOR流程。

ICOR 0级为流程的总览,介绍了以下内容:

– Input(I)输入;

– Control(C)控制;

– Output(O)输出;

– Resource(R)资源。

总体数据流程可以分成两部分,分别称为活动流程和反馈流程。S5000F支持反馈流程,因此为了保证内容的完整提到了活动流程,但是没有进行详细介绍。

0级是自前向后的数据流程,反映了活动但是没有反馈过程。输入的数据来自收集和产生原始数据的现场,提供了反馈过程所需的输入数据。

与反馈流程关联的低级别的ICOR流程如图2-4所示。不同层级的反馈流程如图2-5所示。

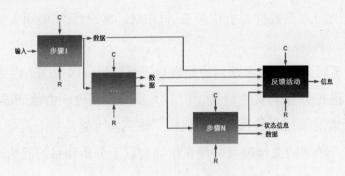

图2-4　ICOR层级及反馈活动

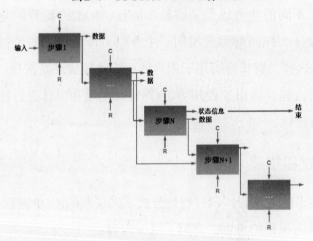

图2-5　不同层级的反馈流程

所有的信息都会成为反馈的内容，信息的内容取决于需要支持的活动。后续章节会对活动和所需的信息进行详细介绍。

每层的ICOR流程都描述了一个子流程。S5000F标准中没有建立完整的流程。图2-5为不同层级的流程。本标准中没有介绍这部分数据交换的内容。另外，计算关键进度指标（KPI）等指标的过程也没有在S5000F中重点介绍。这些流程不是循环的过程，而只是单纯描述从数据生成到数据交付的过程。相关的可靠性、维修性和可用性（RMT）数值的计算会在相关数据分析标准或专业的S系列ISL标准中进行介绍。如计算使用阶段平均故障间隔时间（MTBF）会用到S5000F标准提供的使用阶段数据。但是，其计算方法将在S3000L或需要使用阶段MTBF数据的任务中进行定义。

为便于理解，下面给出了应用流程的示例。通过对RMT活动子集的描述，解释了活动的流程以及如何基于准备和提供的相关数据进行评估和分析。

基于RMT活动，不同专业和相关方典型的交互过程如图2-6所示。由不同的参与方和业务场景提供必要的数据。RMT任务经理从使用阶段反馈数据库中以DEX格式获取相关数据。LSA过程（如以S3000L为基础）使用输入数据进行LSA分析并发布结果作为相应ASD标准或相关过程的输入，该结果可以提供给不同的相关方。S5000F标准不关注这些活动，因此也不会对计算结果转换，发布结果是数据请求人员的职责。

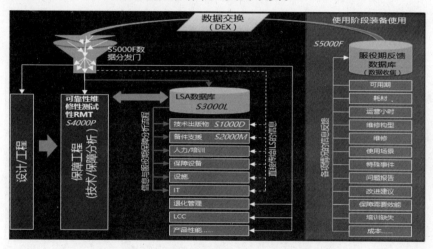

图2-6　面向S3000L反馈的使用数据分析流程

目前，还无法预知需要存储的数据，因此无法进行相应定义。这可能是后面阶段的一个需求。对于这个结果的存储，必须要定义好格式和内容。因为在S5000F的开始阶段不将其作为主要内容，因此当时没有考虑这方面。

初始请求数据的反馈流程如图2-7~图2-10所示。ICOR 0级表示数据生成（原始数据）以及数据最初的处理流程。这一级一般内嵌在系统使用人员的环境中。S5000F流程开始于ICOR 1级，不同层级RMT分析的示例，可以解释ICOR的原理。

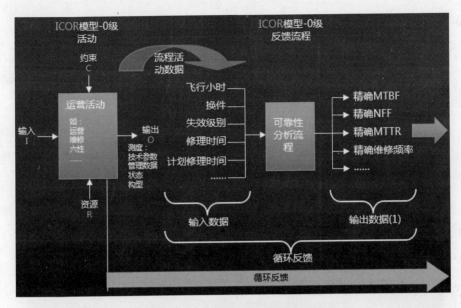

图2-7　数据反馈（步骤1）

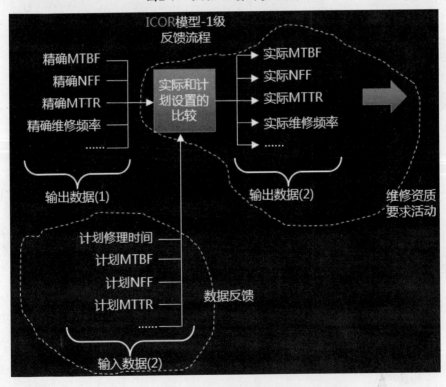

图2-8　数据反馈及RMT参数对比（步骤2）

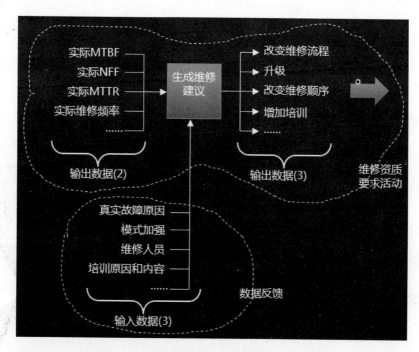

图2-9 数据反馈及提出RMT建议（步骤3）

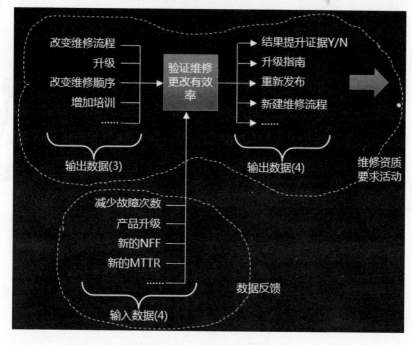

图2-10 数据反馈及RMT建议验证（步骤4）

25

2.11　业务流程

整个业务流程由5个阶段组成，分别为评审阶段、定义阶段、标准化阶段、数据处理阶段、分析阶段。

图2-11为业务流程，起始于指导会议阶段，该会议对数据反馈相关的决策进行表决。在定义阶段之前的指导会议（GC），是准备会议，后续是签订合同。在制订所有标准之前，需要定义所需的分析活动、目的以及参与的单位。数据生成并收集后，可以启动分析阶段。后续段落对流程中的环节进行了介绍。

图2-11　业务流程

2.11.1　指导会议

合同签订之前，需要举办一个GC，如图2-12所示。GC是一个管理团队和现场专家、客户和承包商共同参与的重要会议。在会议中，必须确定执行工作流程的强制规范。为保证会议成效，必须准备好输入，并且有明确的预期结果以及最终的协议。强烈建议通过检查单的形式核对准备讨论的内容。

图2-12　业务流程步骤介绍——GC

还要明确指出的是影响反馈工作的主要决定应该在GC之前进行沟通，通常，反馈流程起始于订单创建，并且该订单与包含在相关合同中的最终版本类似。这适用于所有合同中反馈相关的因素（如相关的工作说明书（SOW））

以及合同细节条款，如交付的产品、不可或缺的值或主要里程碑。这表明在签订合同之前需要进行一系列的调查（如确定反馈阶段需要进行的活动是强制的、建议的或自选的，判断依据为早期的策略和/或所需处理和评估的数据、系统或设备类型）。通过定义所需的分析，一般通过业务场景定义所需的数据。当数据质量或完整度达不到要求时，指导会议应该定义相应的后果，以及为提高质量和完整度需要采取的措施。除数据自身之外，还需要在GC上定义数据的存储、数据的转换（载体、频率等）以及数据的访问权限。

因为GC是一种与客户沟通工作的方式，所以需要按照相关的规则和时间节点，基于上面提到的合同要求以及详细的协议认真完成这些工作。GC还要说明客户认可或需要反馈的问题。然而，GC上需要更改的内容不能超出范围，即不需要更改合同和成本。考虑到合同约定活动的迭代性，为保证灵活性，需要进行客户定制化处理。

基于2.4节中描述的工作流程，GC必须确定所有的流程步骤。因为不同项目会有不同目标和预期，所以不一定要考虑工作流程中的所有主要任务。一旦工作流程中的主要任务确定，第5章中的活动列表将会展示S5000F标准支持的所有任务。选择的活动以及相应的KPI会引导本标准的用户找到使用阶段数据分析所需的相关章节和数据。

2.11.2 合同

在GC确定所有相关的定义后签订合同（图2-13），合同中反应和汇总了GC上的决策和定义。合同描述了需要支持和相关利益方关注的活动内容。另外，合同中还定义了数据交付的时间和顺序，以及数据转换的细节。

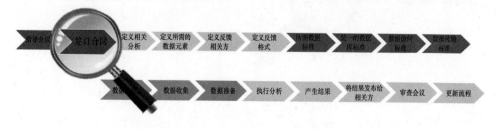

图2-13 业务流程步骤介绍——签订合同

2.11.3　定义相关的分析

为满足分析所需的数据要求，需要定义所需的分析（图2-14）。基于定义的分析活动，本标准介绍了需要通过流程转换的数据。定义的分析活动分布于相应的章节，在章节中同时也定义了需要提供的数据，因此需要承包商尽可能详细的定义活动/分析。

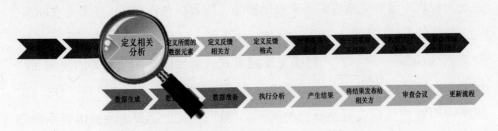

图2-14　业务流程步骤介绍——定义相关分析

因为通过确定分析活动后才能定义利益相关方所需的数据，所以必须在反馈流程的开始阶段定义所需的分析活动。因此，必须弄清本标准需要支持哪些调研活动。建议检查2.5节中的活动来确定所需的分析是否为S5000F所支持。如果所需的分析列在总表中，那么所需数据元素和数据会在本标准相应章节和附录中定义。

2.11.4　定义所需的数据元素

本任务基于GC定义的活动定义所需的数据元素（图2-15）。GC的文档中包含所需的分析或描述需要支持的所有活动的合同。

图2-15　业务流程步骤介绍——定义所需的数据元素

2.11.5　定义反馈相关方

因为有两种数据交付流程，所以需要提前定义不同的利益相关方（图

2-16）。根据本章中介绍的流程，必须建立数据收集流程和提供流程。

图2-16　业务流程步骤介绍——定义反馈相关方

数据收集流程负责从不同的数据源（如供应商、OEM、使用人员等）收集数据。针对不同的相关方，提供相应的数据提供流程。利益相关方使用不同的S系列标准，如S3000L、S1000D等，总体进行使用阶段数据分析。在SX000i，总体 ILS流程中明确的定义了不同的利益相关方。考虑到不同利益相关方进行的分析不同，需要在GC上明确定义。另外，还要定义数据转换的频率。一般地，使用数据分析是一个持续的任务，因此，需要定义数据持续提供的时间周期。

2.11.6　定义反馈格式

另外，还需要在GC上确定反馈的数据格式（图2-17）。必须定义数据以哪种格式传输。由于数据基于PLCS数据模型，建议采用DEX模板转换数据。当分析人员需要其他格式数据时，必须提供申请。这也应该在GC上声明。

图2-17　业务流程步骤介绍——定义反馈格式

2.11.7　所需的数据标准

所需的数据元素除了要遵守本标准要求外，还要进行规范，以便执行所需的分析（图2-18）。这时，数据格式、数据源和数据转换规则都要在标准中描述。使用阶段的数据库也要扩展，以支持满足分析所需的数据。

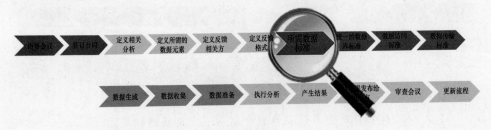

图2-18 业务流程步骤介绍——所需数据标准

其他数据要么是通过本标准之外的其他标准提供的，要么是必须增加的。相关的S系列标准必须决定是否要补充这些数据元素。如果需要，相关的章节内容要进行更新。如果这些数据属于规定之外的活动，那么这项活动也要在相关章节中进行描述。

2.11.8 统一的数据库标准

收集的数据在进入使用反馈数据库时必须进行统一处理（图2-19）。数据采集过程中的相关方必须保证数据元素的唯一性，检查是否重复、唯一性、正确性等。使用阶段数据库中存储的所有数据都要验证状态有效性，以保证数据使用方能够认可这些收集到的数据。

图2-19 业务流程步骤介绍——统一的数据库标准

本章中的章节和相关的附件中定义了数据元素的格式和可用性。收集的数据由相关负责方进行统一处理。在数据入库前，需要进行多次统一处理，因为数据可能来自多个数据源。数据可能是碎片化的，因此在入库前必须要进行统一处理。

2.11.9　数据访问标准

一般数据访问要限定角色，或至少限定到公司和/或部门级。因此必须进行权限管理，以避免没有权限的人访问数据（图2-20）。不同项目中人员的权限不同，因此保密方案必须在GC上进行讨论并确定。理论上需要定义3类访问权限：

（1）数据发布。

（2）数据存储和管理。

（3）数据需求。

图2-20　业务流程步骤介绍——数据访问标准

数据发布组长期向设计的通用数据库发送更新数据。为避免不一致或错误，需要赋予发布人员一定的访问权限。对于通用数据库中的数据检查和数据存储，需要一个有全部访问权限的数据管理员。第三组比较特殊，因为这组主要接收数据库中统一的数据，进行评估和分析。因此指导会议必须把这些人员与他们的数据需求和接收权限进行关联。对每个授权人员的许可都要详细描述，以保证满足数据保密的要求。必须由参与公司和数据所有者来确定软件和架构。全业务流程中必须确保数据的安全性，并且有一个单独的IT方案进行管理。

2.11.10　数据传输标准

在流程启动时必须定义数据传输。使用数据分析的工作质量很大程度上取决于数据传输的完整性和质量。数据传输标准确保数据能够通过预定的载体和安全发布机制在规定时间以规定格式提供。为保证数据的完整性和质量，所有参与方必须就数据发布标准达成一致意见（图2-21）。

图2-21　业务流程步骤介绍——数据传输标准

2.11.11　数据生成

数据如何生成不是本标准考虑的内容。大多数据情况下在相关的ASD文档或分析文档中进行描述。本书介绍了如何从不同的数据源借助数据库传输到用户的过程，但是没有介绍数据如何生成的内容。理论上，这些数据是通过所使用的系统或业务流程产生，并且不同系统之间有很大区别（图2-22）。

图2-22　业务流程步骤介绍——数据生成

2.11.12　数据收集

后续章节中描述的相关数据元素会被收集到使用数据库中（图2-23）。考虑到数据格式、传输和协调过程，数据将会保存到数据库中。在流程开始之初，数据收集到使用数据库之前，需要进行大量的设置，并对定义进行统一。

图2-23　业务流程步骤介绍——数据收集

数据库的内容不是S5000F标准的一部分。因为数据模式取决于系统和使用数据要求，所以它没有在该标准中介绍。

2.11.13　数据准备

原始数据必须进行转换以满足分析的要求，因此很多数据在存入使用数据库之前需要准备好并进行转换（图2-24）。如果出现数据不符合PLCS格式的情况，这时需要以适当的方式对数据元素进行格式化，以确保数据的一致性。

图2-24　业务流程步骤介绍——数据准备

数据准备工作应该由负责源数据的组织或负责使用数据库的组在数据存入数据库之前开展。不管什么时候，在存储使用数据库之前都要进行质量检查。

2.11.14　执行分析

需要执行哪些分析不是S5000F的内容，因此没有在本书中进行解释。在相关的S系列标准文档中对分析工作进行了介绍（图2-25），如S3000L等或使用数据请求方会有相关介绍。欲深入了解分析任务，请查看相应标准或文档。

图2-25　业务流程步骤介绍——执行分析

2.11.15 产生结果

以上提到的分析的结果也没有在本书中进行介绍，主要取决于预期的结果。在初始的ASD标准或其他适用的分析标准中有对不同分析的输出结果的描述（图2-26）。

图2-26 业务流程步骤介绍——产生结果

与分析有关的ASD标准在后续的章节中进行介绍。有些标准和分析虽然没有在S5000F标准中提到，但是与数据发布相关的需求也适用于本书。

2.11.16 结果发布

使用数据分析的结果一般基于不同的S系列标准和其他适用标准生成。其他标准相关的数据在标准中单独介绍。因此，由每个标准来介绍标准相关的结果。基于这种情况，本标准中没有对发布进行介绍。执行的分析结果的发布（图2-27）必须在所依据的标准中查找。

图2-27 业务流程步骤介绍——将结果发布给相关方

2.11.17 审查会

在产品整个使用阶段，上述流程是一个持续的流程。建议建立对GC上基于经验和获得的结果的定义进行评审的审查会议（图2-28）。通常防御装备的使用阶段是非常长的，因此有可能对数据采集和供应进行更改。审查会负责讨论并协调各参与方来处理所需的更改。一旦发生更改，必须执行对2.11.3节以前的流程的审查。如果更改影响到了合同，审查过程应该从2.11.5节开始。

图2-28　业务流程步骤介绍——审查会议

2.11.18　更新流程

使用数据反馈的过程是一个动态的过程，必须不断更新（图2-29）。很明显数据元素和流程取决于分析甚至取决于使用阶段需要确定或观察的系统。

图2-29　业务流程步骤介绍——更新流程

第3章 可靠性、可用性、维修性、测试性等性能分析所需的反馈数据

3.1 定义

可信性包括系统可靠性（R）、可用性（A）、维修性（M）、能力（C）和测试性（T）。这些术语都在第16章中有统一定义。

3.2 介绍

系统的使用人员或所有者应该监测系统五方面的性能：可靠性、可用性、维修性、能力和测试性（图3-1），因为它们影响系统的效能、安全性、保障性，影响使用人员执行任务的方式以及使用人员的状态。需要收集相关的数据才能进行有效监测，包括足够的数据元素，足够质量/数量的数据。在此基础上才能开展有效分析，确定可能的工程更改。本章的目的是为这些工作提供基础支撑。

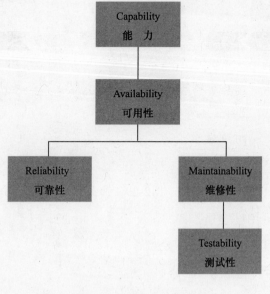

图3-1 RAMCT关系

3.3　范围

本章覆盖了RAMCT分析中包含的一般的活动，所需收集的用户数据的基础定义和基础数据字段。需要基于性能指标开展工程或使用监测、工程设计更改和备件供应等工作的人员需要认真了解。

3.4　术语的使用

使用RAMCT术语时，尤其是在合同中使用时，要特别小心，因为术语有多种类型。一些特殊的产品或特殊使用方式的产品可能需要对合同中的术语进行修改或对引用本章中的数据元素进行增加。但是，如果使用其他类型的术语时，必须保证所有相关方的理解一致，并且进行数据格式定义。后续段落会有详细解释。

3.4.1　可靠性术语

可靠性术语包括：当一个故障发生时，它对任务有什么影响（任务可靠性）、它是否会影响系统功能（基本失效）。其他的可靠性术语还包括：失效率和平均故障间隔时间（MTBF），可能会根据用户和产品需求进行扩展，可参考任何相关业务域或系统特定标准中的专用定义。因此，类似固有可靠性，一次和二次故障，失效前时间和故障间隔时间等术语可根据使用环境进行选择。

3.4.2　可用性术语

可用性术语有多种定义，来自可用时间和停机时间的可用定义。然而产品或产品编队可用性的基础定义一般为特定情况或给定间隔期，特定条件下执行任务的能力，包括使用可用度、固有可用度、即时可用度、平均可用度、稳态可用度、可达可用度、待机可用度、有效可用度和服务可用度。必须根据需求和环境小心选择用哪种定义。

3.4.3　维修性术语

如果用户想说明将一个产品恢复到可用状态的容易程度，可以使用维修性的术语。相关定义包括预防性维修（计划性维修）、修复性维修、软件维护、维修时间、修复时间和平均恢复时间。当用到其他专业或系统特定标准时，可对这些通用定义进行扩展，如使用故障检测时间、维修人员工时、维修级别。

3.4.4　能力术语

产品能力指产品在特定环境或使用条件下执行规定任务的能力。相关的术语包括作战能力、战备完好性、系统效能、持续性和保障性。可以通过一个设备或系统完全可用或部分任务能力和可以执行所有任务且不危及机组或使用人员生命的时间来衡量。因为产品执行任务时的环境可能会频繁变化，因此很难准确衡量产品能力。不能把它与任务成功率混淆。

3.4.5　测试性术语

测试性是设备或系统在特定条件下被检测的能力。它最常用于机内测试（BIT），但也可用于测试和评估、诊断等。

3.5　可靠性

必须首先确定可靠性监测的目标，然后基于这些目标得到所需的活动。对这些需要执行的活动进行定义时，可确定所需的基础数据类和相关的数据元素。

3.5.1　可靠性目标

收集可靠性数据的目标为：

（1）监测设备性能。

（2）预计故障趋势。

（3）确定可能会产生损坏的问题区域，因此减少非计划性维修及保障需求。

（4）确定故障模式、原因以及机理。

（5）收集根原因研究的证据。

（6）发布警告，报告增加的风险。

（7）影响未来的设计。

除以上外，针对不同产品或不同需求可能还会有其他目标。

3.5.2　可靠性活动

可靠性监测的主要活动包括：

（1）验证规定的可靠性。

（2）报告达到的可靠性。

（3）预计未来的可靠性。

（4）研究异常和缺陷。

（5）确定对环境和安全性影响的风险。

（6）生成由软件及包装、搬运、储存和运输（PHST）引起的异常/缺陷/故障报告。

（7）提供工程更改包括出版物更改所需的信息。

除以上外，针对不同产品或不同需求可能还会有其他活动。

3.5.3　可靠性参数

有多种类型的可靠性分析方法，如可靠性增长、仿真、帕累托图、故障树、故障模式影响及危害性分析（FMECA）或马尔可夫分析。因此，参数选择取决于利益相关方的需求。可以在成品级、系统级或机队/编队级计算参数。

主要参数有：

（1）失效率，总故障数/总使用时间。

（2）平均故障间隔时间（MTBF）。

3.5.4　可靠性数据类和元素

数据类和元素至少包括：

（1）产品明确的标识。

（2）产品初始状态（技术状态）。

（3）使用条件（可能会由使用和健康监控系统提供）。

（4）使用情况，如时间、距离、使用时间/循环等。

（5）执行任务时所处的环境条件。

（6）故障数以及相应的影响。

（7）详细的外部资源供应情况，如维修保障。

注意：平台使用的环境条件，是一个重要的约束因素，必须要考虑，并且尽可能地记录下来。它会对可靠性、可用性和性能产生重大影响。具体包括，如震动、地形、海拔、温度、粉尘和湿度，以及其他因素，如生物危害、大气电学、辐射、法规、技能等。

3.5.5 可靠性业务场景（1~3）

业务场景提供了确定实际可靠性所需的数据。获得的数据可能需要与设计或性能指标和使用要求进行比较。

1. 业务场景1：监测设备性能

本业务场景覆盖了关注实际可靠性的组织之间交换的数据。可以通过比较设备标准与以下内容获得设备的性能：

（1）技术状态（使用和设计状态）。

（2）可靠性特性。

（3）设备问题。

（4）使用历史。

（5）使用。

（6）性能/特性。

（7）安全性问题。

（8）产品状态。

（9）产品信息。

2. 业务场景2：影响未来的设计

本业务场景包含了关注对现有设计进行更改的组织之间需要交换的数据。所需的信息如下：

（1）产品明确的标识。

（2）使用历史。

（3）设备问题。

（4）使用问题。

（5）保障设备/技术资料问题。

（6）使用技术状态。

（7）安全性问题。

（8）质量问题。

（9）使用成本。

（10）保障成本。

（11）产品更改。

（12）产品信息。

3. **业务场景3：故障模式、影响及危害性分析（FMECA），根因分析、损伤和特殊事件分析及发布警告**

该业务场景包含关注产品或产品系列可靠性监测的组织之间交换的数据。趋势等可以通过将设备的标准值与下列值比较确定：

（1）使用角色。

（2）研究。

（3）技术状态（使用、角色和维修状态）。

（4）产品问题。

（5）产品更改。

（6）使用成本。

（7）产品信息。

（8）使用人员能力。

（9）安全性问题。

3.6 可用性

首先必须确定可用性监测的目标，并基于这些目标获取必要的活动。对这些需要执行的活动进行定义时，可确定所需的基础数据类和相关的数据元素。

3.6.1 可用性目标

收集可用性数据的目标是:

（1）提高设备性能，增加设备的可用性。

（2）为可用性合同提供依据。

（3）为机队/编队和资产管理提供信息。

（4）辅助维修管理。

（5）改进使用和部署活动。

（6）改进寿命周期保障。

可用性用于标识产品可用能力，并提供可用能力计算的基础，经常用于衡量合同的效能，对可用性的理解必须与用户一致。有多种衡量可用性的方式，下面提供了一个例子。

系统每天用3个小时，但是启动失败，花了3个3小时才修好，导致没能执行任务，则系统可用度为0%（0/3）或87.5%（21/24）。

3.6.2 可用性活动

可用性能监控所包含的活动有:

（1）确定可用性要求。

（2）预计可用度。

（3）报告可达可用度。

除以上外，针对不同产品或不同需求可能还会有其他活动。

3.6.3 可用性参数

可以从相关的可用性数据字段得到的可用性参数有:

（1）固有可用度，注意这里面没有包含保障延误。

（2）MTBF/（MTBF+MTTR）在所需使用时间内的使用可用度。

（3）（使用时间+停机时间）/（使用时间+停机时间+总修复性维修时间+总预防性维修时间+管理和保障延误时间）。

3.6.4 可用性数据类和元素

可用性数据类和元素应该至少包括:

（1）产品的初始状态。

（2）平均可用时间—使用时间和待机时间。

（3）平均停机时间—产品不可用的时间—总修复性维修时间，预防性维修时间，等待时间和管理和保障延误时间。

（4）发生故障的次数。

（5）故障对最终产品可达可用度的影响。

（6）环境条件。

对于可用性，特别重要的一点是，确保数据及时同步，能够在使用时及时得到。报告和性能指标需要根据他们的事件、需求、使用或基准时间来设定相应的时间间隔。

3.6.5　可用性业务场景（4、5）

业务场景介绍了如何提供确定可达可用度所需的数据。得到的结果可能需要与设计或性能指标和使用需求进行对比。

1. 业务场景4：使用和部署保障，全寿命周期保障和设备可用度

该业务场景包含了关注监测产品可用性的组织之间交换的数据。可以通过将设备标准规范与下列信息比较得到使用信息等内容：

（1）维修保障（设施、人员和设备）。

（2）使用角色。

（3）设备和保障问题。

（4）维修需求。

（5）使用保障。

（6）保障问题。

（7）成本。

（8）使用技术状态。

（9）使用环境。

（10）使用和报废率。

（11）安全性问题。

（12）产品ID。

（13）产品数量（是否适合使用）。

（14）消耗的保障资源（设备、人员时间、运输和存储）。

2. 业务场景5：维修管理和可用性合同

本业务场景包含了关注监测维修管理和合同效能的组织之间所需交换的数据。可以通过将设备的标准数据与以下信息对比得到维修或合同的效能：

（1）维修保障（设施、人员和设备）。

（2）使用角色。

（3）维修需求。

（4）使用活动。

（5）保障问题。

（6）成本。

（7）技术状态。

（8）使用环境。

（9）产品ID。

（10）产品状态（是否可用）。

3.7　维修性

必须首先确定维修性监测的目标，并基于这些目标确定所需的活动。对这些需要执行的活动进行定义时，可确定所需的基础数据类和相关的数据元素。

3.7.1　维修性目标

收集维修数据的目标为：

（1）进行维修活动，包括计划性维修和人为因素关系。

（2）改进维修的费效比。

（3）辅助提高软件维修性。

（4）预计趋势，并确定不可接受的和需要改进的区域。

除以上外，针对不同产品或不同需求可能还会有其他目标。

3.7.2 维修性活动

维修性相关的主要活动有：

（1）验证预期的维修周期。

（2）报告执行的维修任务。

（3）预计所需的维修。

（4）确定维修成本。

（5）与维修相关的持续性工程保障。

（6）报告来自计划性和非计划性检查的结果。

除以上外，针对不同产品或不同需求可能还会有其他活动。

3.7.3 维修性参数

从相关的维修性数据字段中可以得到的维修性参数有：

（1）平均工时（MMH）。

（2）平均修复时间（MRT）或平均修复性维修时间。

（3）平均预防性维修间隔（MTBPM）。

（4）软件加载时间。

（5）平均修复时间（MTTR），此处MTTR=平均准备时间+平均故障隔离时间+平均拆卸时间+平均替换埋单+平均安装时间+平均调整时间+平均检查时间+平均启动时间。

3.7.4 维修性数据类和元素

数据类和元素应该至少包括：

（1）技术资料中的维修任务（计划性和非计划性）和过程以及相应的间隔或阈值。

（2）将所需的维修时间分解成组成元素。

（3）使用的资源和所需的培训/技能条件，如环境和修理级别。

（4）软件维护细节。

3.7.5 维修性业务场景（6、7）

本业务场景可指导确定可达维修性所需的数据。得到的结果可能需要与设计或性能指标，技术性指南和使用需求进行对比。

1. 业务场景6：维修活动，修理效能，特定维修，预计维修周期，产品状态

本业务场景包含了关注监测维修和修理的组织之间交换的数据。所需的信息包括：

（1）维修指南。

（2）备件可用度。

（3）适合的设备和设施。

（4）技术状态—角色、维修状态、使用状态和当前的设计标准。

（5）能胜任的人员。

（6）维修进度。

（7）产品状态（是否可用）。

（8）质保。

（9）环境。

（10）使用信息。

（11）产品使用问题。

（12）维修成本（时间、备件、人员等）。

2. 业务场景7：保持性能，保障手册和保障设施

本业务场景包含了关注保障设施和持续性能的组织之间交换的数据。信息包括：

（1）产品性能。

（2）维修指令（技术资料）。

（3）备件可用度。

（4）产品问题。

（5）维修环境。

（6）维修所需的时间（备件、设备和相应人员）。

3.8　能力

必须首先确定能力监测的目标，并基于这目标确定所需的活动。对这些需要执行的活动进行定义时，可确定所需的基础数据类和相关的数据元素。

3.8.1　能力目标

收集能力相关数据的目标是：

（1）基于标准监测产品的性能。

（2）确定能力不足之处。

（3）改进产品可执行任务的时间。

（4）提高费效比。

除以上外，针对不同产品或不同需求可能还会有其他目标。

3.8.2　能力活动

能力监测相关的主要活动有：

（1）验证特定的能力。

（2）基于标准监测产品性能。

（3）性能反馈给工程设计。

（4）预计产品可能的性能。

（5）报告寿命周期成本（LCC）。

（6）预计持续保障能力的LCC。

除以上外，针对不同产品或不同需求可能还会有其他活动。

3.8.3　能力参数

基于相关能力数据字段，可以得到的能力参数：占标准性能的百分比。经常用一些特殊的技术来保证结果便于理解：包括成熟度模型、通过/拒绝标识和效能信息管理系统。

3.8.4　能力数据类和元素

理论来说数据类和元素应该至少包括：

（1）对所需能力（性能指标）和所需执行的任务以及预期的环境等信息的详细描述。

（2）达到的性能。

（3）使用过的环境。

（4）能力（性能）不足的定义。

（5）能力丧失时如何响应，以及如何恢复性能。

（6）需要执行的任务以及所有偶发事件的详情。

3.8.5 能力业务场景（8、9）

业务场景介绍了如何提供确定能力所需的数据。得到的结果可能需要与设计或性能指标和使用需求进行对比。

1. 业务场景8：任务能力，能力不足

本业务场景包含了关注确定任务能力的组织之间需要交换的数据。详细信息包括：

（1）维修资源（设施、人员、设备、资料）。

（2）使用角色。

（3）使用状态。

（4）任务问题。

（5）达到的性能。

（6）问题检测。

（7）保障成本（人员、备件、设施）。

（8）环境条件。

（9）维修保障要求（时间、人员、零件）。

（10）使用技术状态。

（11）人员（数量、能力）。

（12）使用（问题、经验）。

2. 业务场景9：效率、性能与指标对比

本业务场景包含关注产品效能的组织之间交换的数据。详细信息包括：

（1）活动评估。

（2）使用（实际的）。

（3）维修（实际的）。

（4）可靠性（实际的）。

（5）问题报告。

（6）成本。

（7）保障资料。

（8）故障检测和隔离。

（9）产品ID。

（10）使用（使用、无法使用、没有开始使用）。

（11）修理。

3.9　测试性

必须首先确定测试性监测的目标，并基于这些目标确定所需的活动。对这些需要执行的活动进行定义时，可确定所需的基础数据类和相关的数据元素。

3.9.1　测试性目标

收集测试性数据的目的为：

（1）提供产品是否好测试的报告和信息。

（2）验证测试设备需求、测试级别和测试费效比。

（3）验证测试结果的可信性。

（4）确定是否可以用自动测试设备。

（5）确定故障是否能被正确诊断。

（6）确定故障是否在合理的周期内被确定。

除以上外，针对不同产品或不同需求可能还会有其他目标。

3.9.2　测试性活动

主要测试性相关的活动有：

（1）确定可以被测试的产品功能。

（2）收集难以测试的产品信息。

（3）记录并报告测试信息。

（4）验证测试性。

除以上外，针对不同产品或不同需求可能还会有其他活动。

3.9.3　测试性参数

随着技术的发展或通道的限制产品的测试能力会改变。基于测试性数据字段，可以得到的测试性参数包括：

（1）执行测试的时间。

（2）可达性。

（3）定义故障的能力。

（4）测试结果的易理解性。

3.9.4　测试性数据类和元素

除产品状态外，测试性没有其他明确的数据类，因为建议的测试过程需要仔细评估，并在开始确定产品测试标准之前基于风险的决策。

选择会受到以下因素影响：

（1）没有检测出的故障模型及危害度。

（2）环境。

（3）花费的时间和测试的容易度。

3.9.5　测试性业务场景（10、11）

本业务场景提供了如何确定测试性所需的数据。获得的数据需要与设计或性能指标、技术指南和使用需求进行对比。

1.　业务场景10：产品能进行测试吗

本业务场景包含了关注产品可达性和测试的组织之间需要交换的数据。详细信息包括：

（1）执行测试的环境。

（2）故障报告。

（3）可用性（合适的人员、测试设备、保障设备）。

（4）产品和设备测试的地点。

（5）执行测试的周期（实际的）。

（6）测试设备（使用问题）。

（7）产品ID（待测试单元、产品）。

（8）技术状态（测试设备、待测设备、产品）。

（9）安全性问题（通道、工作条件）。

2. 业务场景11：故障诊断，故障识别

本业务场景包含了关注产品功能可测试性的组织之间需要交换的数据。

详细信息包括：

（1）问题（发现时间、问题、相关性、原因）。

（2）时间（测试持续时间）。

（3）技术状态（测试设备、待测试设备、产品）。

（4）实际性能（查找故障的时间）。

第4章 维修分析所需数据的反馈

4.1 介绍

有规律的维修对于确保产品或子系统的安全性、可靠性、舒适性和寿命非常重要，包括以恢复产品或达到执行所需功能的状态为目标的所有活动。有两种类型的维修：计划性和预防性维修；修复性维修。

维修性数据在产品全寿命周期分析中维护产品性能必需的基础信息。通过这些信息相关组织可改进产品的安全性、可靠性、可用性，以及产品执行的维修活动。维修数据被收集、分析并形成结论，用来优化适用于特定产品的维修。

4.2 范围

本章定义了维修数据反馈的流程，提供了流程的指南，并提供了进行维修分析或对受影响的产品进行维修管理所需交换的信息。

本章的目标不是提供对收集数据的分析，而是提供改进产品维护所需信息的交换方式。

4.3 业务场景

表4-1提供了基于本章的业务场景的关系，以及谁向谁提供数据（工业部门对产品用户、产品用户对工业部门、维修组织对工业用户）。

表4-1　业务场景

业务场景	定义	工业部门对产品用户	产品用户对工业部门	维修组织对产品用户
1	制造商的维修计划	×		
2	产品用户的维修程序		×	
3	执行的维修		×	×
4	产品性能		×	
5	产品新的改进	×		
6	技术咨询（问答）	×	×	×

4.3.1　厂商计划性维修

厂家负责确定计划性维修任务，这些计划性维修任务是将产品维修到所需的安全性和可用性水平的初始指南一部分。维修计划是基于设计需求、维修性分析和产品使用阶段的经验确定的。

所有受影响的组织应该建立并维护一个系统来监测他们建议的维修计划的效果。

受影响的组织将分析产品用户提供的使用阶段的信息，并在必要时修正维修计划（从厂商到产品用户的反馈数据）。

为实现对计划性维修文档的优化，需要由产品用户将计划性维修相关的使用阶段信息进行记录，并提供给受影响的组织。

计划性维修必须定期由生产商进行修订。修订来自产品用户和/或维修组织提供的使用阶段的经验数据。

计划性维修必须满足适用的监管要求。

若想了解更多制造商计划性维修制订相关的信息，请参考《S3000L》第10章（计划性维修分析），《S3000L》第12章（维修任务分析）和《S4000P》第3章（使用阶段维修优化（ISMO））。

本业务场景确定由工业部门定义的计划性维修需求所需的有用信息，这些计划性维修在需要时作为维修工作进行执行。

4.3.2　用户维修程序

制造商的计划性维修适用于不同环境或不同任务剖面下的某型产品。如果一个产品使用超出了制造商确定的任务剖面，可能需要对计划性维修进行调整。

产品用户的维修程序应该包含了适用于特定产品，考虑所有产品特定技术状态的需求。应该包含不同源头发布的信息，包括产品的制造商或子承包商、局方（采购方）等，以及产品用户收集的使用阶段的经验。

另外，每个产品用户的计划性维修程序应该根据产品的使用、环境和维修能力进行调整。

用户维修程序是一个动态的文档。投入使用后，用户的维修程序应该经常进行审查，并根据产品使用中的经验进行修订。

产品用户维修程序应该为《S3000L》第10章（制订计划性维修程序）和第12章（维修任务分析）和《S4000P》（使用阶段维修优化（ISMO））提供输入。

本业务场景的目的是交换产品用户所需执行的计划性维修相关的信息，这些信息包括来自制造商的初始建议、考虑产品使用的特殊条件和用户使用经验。

1. **执行维修**

当产品失效时执行用户或维修单位所需的维修（修复性维修）或执行预防性维修。本用户场景建立产品所执行的所有计划性或非计划性维修事件所需的反馈数据。关于修复性维修任务的分析方法和决策逻辑所需的详细信息见《S3000L》第7章（LSA中的FMEA/FMECA结果）《S3000L》、第8章（损伤和特殊事件分析）和《S4000P》第3章（使用阶段维修优化（ISMO0））。

2. **产品性能**

为满足产品发展和性能，本业务场景将提供产品性能相关的信息（时间消耗、产品可用度）。

本业务场景包含了可能影响产品性能和维修以及系统性能下降相关的产品性能、使用环境和剖面数据。

3. 使用阶段产品改装

工业部门将提供给产品用户一系列的指导来评估并执行产品改装。为了保证维修，需要提供足够的信息以保证对产品实施改装。关于使用阶段改装相关的详细的信息，参见《S3000L》第4章（LSA中的技术状态管理）。

4. 技术咨询

很多时候，产品用户向工业部门发出技术咨询以解决维修相关的问题。工业部门要回复相关的问题。当前章节将提供产品用户和/或维修组织和工业部门技术咨询中需要提供的数据元素。

4.4 业务场景的数据需求

业务场景所用的数据如下。

4.4.1 业务场景1：制造商计划性维修

产品制造商应该提供维修产品所需的信息，负责提供产品需要执行的预防性和计划性维修建议。制造商提供的该业务场景相关的信息包含在4.5.1节中。

4.4.2 业务场景2：产品用户维修程序

被提供的数据是制造商定义的计划性维修程序和4.5.1节中考虑的制造商定义的数据之间的区别。

4.4.3 业务场景3：执行的维修

产品用户维修报告（如使用人员报告）是产品用户记录的维修报告，一般形成产品的日志，可能是电子或纸制格式。内容不限于产品的故障，也包括维修信息、系统状态相关信息或产品使用数据（如发动机监测、损伤评估）。

这种数据一种可能是每单位使用时间（如发动机循环）的故障数和类型。

对反馈数据进行分析，可以建立同型号产品每单位使用时间的故障率和性能的偏离情况。后续的子章节将确定一些类型的计划性和非计划性的维修数据，并将这些数据反馈到数据库中。制造商可以分析这些数据，并且来确定是否已经确定了维修规划（例如，可以通过拆卸和安装报告、发现的非计划性任务和/或发现的计划性任务来检查维修程序、计划性维修间隔期、阈值）。

维修单位针对一个产品进行预防性或修复性维修活动时（原位维修和离位维修）需要在工卡/数据包的指导下进行。产品用户必须发布一个工卡/数据包来通知维修单位必须在确定时间依据相应版本的维修手册执行维修任务。所有执行的维修任务都必须记录到产品日志上。所有差异或故障必须记录在工卡/数据包报告中（有时也记录在产品维修日志中），包括确定维修任务所需的信息，如不符合之处、组件改动，以及所引用的指南。产品用户应该收集产品维修活动中所有的信息。

需要由产品用户提供给工业部门的信息的详情见4.5.3节和4.5.4节。需要拆换组件的产品维修、修理和大修活动参考4.5.5节。

4.4.4　业务场景4：产品性能

1. 产品使用环境数据

产品使用环境数据包括产品在特定环境（如沙漠、盐雾、陆地和冰川）使用的时间。

产品实际和经历的使用环境信息会帮助制造商理解系统和组件由于在某种环境下使用所造成的功能下降，以及产品使用环境中发生的需要通过维修任务来解决的故障。

对不同环境的分析会改进维修程序，并允许不同产品用户针对预期的使用环境对维修程序进行定制化。

2. 使用剖面数据

使用剖面数据包括使用人员使用的所有的剖面（军用任务剖面、民用剖面、训练剖面）。

产品实际的和经历的剖面会帮助制造商理解系统和组件功能下降的原因。另外来自维修任务的差异，可能会随产品使用情况不同而采用不同的查找故障的方法。

通过对不同使用剖面的分析，可改进维修程序，并允许产品用户根据产品预期的使用剖面对维修程序进行定制化。

其他的需要由产品用户向工业部门交换的详细数据见4.5.3节。

4.4.5　业务场景5：在役产品的改进

在役产品执行改进所需的数据详见4.5.1节。

4.4.6　业务场景6：技术咨询

技术咨询指在使用保障阶段产品用户和/或保障产品的维修单位向制造商或使用人员提出的问题。咨询的范围取决于具体情况，一般包含以下几类内容：

（1）制造商手册之外问题的咨询。如结构化手册中没有涉及的修理，手册中不包括的图，手册中未涉及的程序。

（2）制造商手册中虽然涉及但对产品用户来说描述不清楚的问题的咨询。

（3）包含在制造商手册中，描述清楚，但产品用户不能完全理解的问题咨询。

（4）可靠性分析相关问题咨询（例如，制造商可靠性与产品用户可靠性不匹配）。

（5）制造商提出的额外改进或产品用户请求的额外的改进相关的问题咨询。

必须建立一个良好的沟通渠道以保证产品用户—制造商和维修单位—制造商能够理解对方的咨询问题。如果没有这样的渠道，会导致由于误解影响问题的快速解决进而影响产品的可用性。通过对所有咨询的深入分析，并对相同问题的咨询进行分组，制造商可以修订手册并改进流程。

另外一个非常重要的事情是，产品制造商应该把咨询的信息保存到一个便于查询的数据库中，允许快速查找来自不同产品用户或维修单位的相似或相关问题。同样，产品用户也应该建立一个数据库来收集并管理提出的技术咨询，这样会大大缩短解决技术咨询所需的时间。

4.5 业务场景的数据输入和输出

维修数据的主要所有者和用户包括以下几类：

（1）制造商（产品类的系统级、发动机类的子系统级以及LRU类的低层级）。

（2）产品用户。

（3）维修单位（产品级或低级的维修—修理车间）。

（4）法规机构（如北大西洋公约组织（NATO）、联邦航空管理局（FAA）、欧洲航空安全局（EASE）、英国民用航空局（UK CAA）、法国民航总局（DGAC-F）等）。

这些组织的输入和输出将主要用于：制造商的计划性维修；产品用户的维修程序；局方的特殊要求。

表4-2介绍了数据的所有者和用户，以及文档的所有者和用户。例如，制造商是制造商计划性维修的所有者，产品用户将以制造商的计划性维修为输入来执行维修程序。同样，维修单位也以制造商的计划性维修为输入，执行它的维修活动。最后，局方将收集制造商的计划性维修来审核产品的维修程序。

表4-2 所有者/提供者信息

所有者数据发布	制造商	产品用户	维修单位	局方
制造商的计划性维修	所有者	输入<—>输出（查询）	输出（查询）	输入<—>输出（批准）
产品用户维修程序	输入	所有者	输入<—>输出（查询）	输入<—>输出（批准）
局方特殊需求	输入<—>输出	输入<—>输出	输入<—>输出	所有者

所有的维修分析可能以不同的方式进行，主要取决于产品用户和制造商的需求，并取决于所收集数据的可用性。后续段落提供了由受影响组织提供的数据样例。

4.5.1　制造商的数据需求

1. 相关业务场景1：制造商计划性维修

产品制造商应该提供维护产品所需的信息，负责提供产品所需执行的预防性和计划性维修建议，至少包括以下内容：

（1）所需执行的维修任务，参考任务号、任务描述、任务持续间隔计量单位（时间、产品使用）、参考的执行任务的详细指导。应该包含特殊产品的维修策略（如大修、寿命约束）。

（2）应该提供预期的任务持续时间（MET）、预期的平均工时（MMH）、预期的技术人员数量、执行任务所需的技能以确定活动计划。

（3）如果在维修任务中没有，至少应该在维修指南中应该包含物料（组件+消耗品+可消耗材料+特殊工具）需求以及所有的特殊技能。

（4）制造商应该提供包含执行维修活动、排故、诊断信息（警告/代码）指南的产品手册。

（5）维修程序的修订。

（6）特殊指南。

（7）影响维修的技术信息。

（8）产品平均非计划拆换间隔时间（MTBUR）和MTBF。

（9）产品用户/维修人员应该按照本信息中的维修规划要求开展工作。

2. 与业务场景5 在役产品改进相关的内容

适用新改进的产品标识，确定对技术状态数据的影响，提供执行改进的指南，确定对组件互用性和混合性的影响，提供执行工作所需的物料和工具，提供预期的任务持续时间和技术要求信息。

3. 与业务场景6 技术咨询相关的信息

提供对客户技术咨询的回复。

4.5.2 局方的数据要求

法规和特殊指南（如国家特殊需求）。

4.5.3 产品用户的数据需求

1. 与业务场景2产品用户维修程序相关信息

与4.5.1节中确定信息相关内容，产品用户可提供给工业单位所采用的产品维修程序与制造商的建议的区别之外。

2. 与业务场景3执行维修相关的信息

产品用户可收集产品使用和维修相关的数据，基于这些数据改进产品的使用和维修。

产品用户提供给承包商的数据应该进行过滤，以避免将错误的数据共享给工业单位。产品用户对原始数据进行预分析可避免误解，并确保制造商执行的分析最高的有效性。

用户提供的报告应该包括以下信息：

（1）非计划性维修。

（2）计划性维修。

（3）使用数据报告。

非计划性维修报告应该包括：

（1）故障源（如飞行报告、维修报告）。

（2）故障描述。

（3）故障日期，故障发生时实际使用的产品和/或组件（工作时间和使用时间）。

（4）产品型号和产品注册信息。

（5）解决故障所需参考的维修任务，以及确定的执行排故程序。

（6）拆除和安装的组件以及制造商和零件号（P/N），以及序列号（S/N）和组件寿命（适用的话）。

（7）可测量的任务持续时间和解决故障人员所需的工作时间。

（8）可能的话，还包括告警所需执行的诊断信息。

（9）组件修理所需的信息：故障原因、修理所影响的零件、修理成本。

（10）工作时间。

（11）工作循环。

（12）工作年数（时间）。

计划性维修报告应该包括工作指令/工作包查找/不包含在非计划性维修报告中的数据：

（1）任务数据（参考、描述）。

（2）MET和执行任务所需的MMH。

（3）产品参数和执行任务的任务日期、任务到期时的任务日期以及任务到期时的产品参数。

（4）任务执行时相关的不一致性（开、关和/或延期、告警所需的排故和诊断）。

（5）为维修活动一部分的更换的组件信息（P/N和S/N）、物料需求、物料消耗（对每个工作包预测）。

（6）特殊数据（如油料消耗、水的消耗、燃料消耗）。

（7）排故，程序和技术手册的反馈。

另外，改进也应该体现在本段中（如服务通告、改进等以保证制造商了解飞机的技术状态）。

3. 业务场景4：产品性能

产品工作环境条件、产品工作剖面、故障出现时产品的派遣可用度。可能是：

（1）对产品使用没有影响。

（2）对产品使用有一定影响，但是产品可以执行预定任务。

（3）产品由于故障不能执行预定任务。

（4）由于产品故障耽误了产品使用计划。

（5）产品由于故障无法使用。

4. 业务场景6：技术咨询

向制造商咨询技术问题。

4.5.4 维修单位所需的信息

业务场景3：执行维修相关信息

应该由维修人员将维修报告记录到产品维修日志中，可以是电子格式也可以是纸制格式。

维修报告将用于确定解决产品用户报告、所有延期故障、在产品某维修级别执行的计划性和非计划性维修、组件拆卸和安装以及P/N和S/N等活动。

产品用户将基于这些信息、技术状态、改进状态信息更新产品技术状态，并分析维修任务的有效性。

通知问题相关的维修指南的维修报告必须提供给产品用户和产品制造商。这点也与技术咨询有关。

维修单位，如果不是产品用户的话，应该向产品用户提供维修报告，该报告包括4.5.3节中描述的非计划性维修报告和计划性维修报告信息。

4.5.5 修理车间所需的数据

业务场景3：执行维修相关信息

在产品离位维修、修理、大修时，修理车间必须发布每个维修、修理和/或大修的组件的报告。修理车间对于产品执行的所有活动，以及产品的标识信息（零件号、序列号或批次号）必须都记录在本报告中。

修理车间发现或未发现故障的报告将帮助产品用户和制造商理解组件的故障模型和/或错误的排故模型。

如果组件制造商有所有的故障信息，需要组件制造商快速改进问题。如果通过制造商的无故障报告进行检测，也需要快速改进故障隔离手册。另外，产品用户错误的使用方式也应该找出并改进。

车间报告应该包括执行工作、故障或无故障信息、使用的零件、修理所花的时间、工作量、成本信息。

所使用零件（安装的寿命件以及它的使用时间或剩余寿命或其他需要跟踪零件或子部件维修需求的参数）的维修信息。

执行维修活动或修理的零件的可用度信息，零件的等待时间也应该包含在修理车间内部使用的报告中。这些信息可以让修理车间改进内部物料管理的流程，并影响执行产品维修活动时所需的时间。

4.5.6　其他所需的数据

来自制造商：产品手册和其他工程文件以及需要提供给产品用户或维修人员的维修活动指南。

来自产品用户/维修人员：上述信息之外的信息，维修过程中发现的故障图片信息是非常有价值的信息。

第5章　安全性相关的数据反馈

5.1　介绍

安全性包含了以预防事故和事件发生，通过对寿命周期所有阶段发生事件或其他会造成潜在危害的事件分析，设法降低产品使用和对环境所造成危害风险的活动。活动通过分析、定义、确定、审查、生产和控制修改来减少产品或系统中可能会引发或已经引发安全性相关事件或事故相关的问题。

产品服务阶段的使用是获取影响安全性事件的重要信息源头。S5000F作为从现场反馈信息的标准方式，可提供使用和维修方面可能影响产品安全性的数据。

5.2　范围

影响产品安全性的事件可能来自不同的区域和活动，以及使用相关的其他外部机构。这些事件可以为预防事件和事故的发生提供有价值的信息，都应该记录下来。本章提供了关于获取使用阶段影响产品安全性事件的信息。另外，也包含了从工业部门到使用人员和/或维修组织的反馈，用于通知安全性问题的约束和/或提供解决安全性问题的指南信息。

5.3　安全性数据反馈的目的

5.3.1　目标

安全性数据反馈支持产品安全性流程。主要目标总结如下：

（1）获取并分析所有影响产品安全性的事件，不论这些事件在哪和何时发生的。

（2）所有从以前事件中学到的经验都可以在产品的服役、开发和新项目中考虑，确保法规的持续贯彻执行，并审查设计是否满足法规。

（3）对所有产品寿命周期（从概念设计到服役）不同流程中对预防事故有帮助的重大改进进行确定并评估。

（4）所有安全性相关的问题都要从多学科的角度充分考虑组织所有的基本功能，通过建立以该目的的委员会决定全部内容。

（5）所有采取的决策和活动都要进行注册，保证在所有阶段的可追溯性。

本书中的任务如下：

（1）事件的获取和确定。

（2）在安全性事件和相应的决策以及采取的活动之间保持可追溯性。

（3）将安全性相关的数据扩展到相应的组织如工业部门和客户方。

（4）报告处理和解决安全性问题相关的安全性问题、相关的使用约束和/或指南及流程。

（5）采用一部分安全性数据反馈流程。

5.3.2　支持目标的活动

1. 事件的获取和确定

本阶段的目标是确保得到所有安全性改进相关的事件（异常、发生的事件和事故）。

可能影响产品安全性的事件会来自于不同的区域和活动（设计、工程、制造、使用、维修、训练等）以及其他使用相关的外部机构。

出于确定和分析的目的，使用人员提出的安全性问题，需要进行注册。S5000F 制订了一个数据模型，可以对使用人员的反馈进行下载，并且这些信息可以与其他业务流程进行交换。

2. 追溯性

追溯性用于：

（1）初始化记录，关闭事件和改进。

（2）活动的记录和管理。

（3）支持工业部门和/或客户的产品安全性流程。

在数据管理层面，可追溯性用于：

（1）产品技术状态数据。

（2）维修事件数据。

（3）使用数据。

为保证可追溯性，安全性数据反馈负责记录使用阶段的安全性事件和综合技术状态，维修和使用数据。

S5000F 数据模型和标准中制订数据交换机制提供了允许第三方实现可追溯性的支柱。

3. 安全性相关数据的扩展

安全性数据反馈用于沟通工业部门和客户相关组织的安全性问题：需要交换的来自使用方的安全性问题及安全性警告，使用约束以及以前问题的解决方案。

基于ASD S5000F 和数据交换机制建立的安全性相关数据的交流提供支持。这种交流可确保参与各方安全性相关数据的可追溯性、连续性和集成性。

4. 报告

报告是一种基本的交流方式，包括：

（1）指南。描述和保证活动影响产品的系统或结构件或影响产品使用的文档。

（2）信息。文档帮助客户更有效地使用或维护机队/编队。所有导致产品技术状态或维修任务 /间隔期更改的建议都要参考正确的指南文件。

目的：

（1）用于传输通用信息。

（2）用于传输维修信息、维修指南或用于及时传输处理使用阶段相关的法规信息或指南。

（3）用于使用人员针对机队/编队的快速活动，并可能会对产品法规产生影响。

5.4　安全性信息的报告

安全性相关的数据可能会在工业部门和客户之间进行交换，如图5-1、图5-2所示。

安全性警告和/或安全性约束相关的报告应该发送给受影响产品的使用人员。使用过程中出现的安全性事件需要传递给工业部门。

一般地，安全性相关的数据报告包括：

（1）报告类型（指报告类别）。一般性沟通、建议说明、操作建议、法律法规等。

（2）组织数据。报告者相关的数据和报告者发布的清单，包括的信息有组织、部门、电话、传真、地址、日期等。

（3）使用环境和地点数据。包括事件发生的地点和产品使用时的环境信息，如地点、事件和使用阶段数据。

（4）使用条件数据。包括重量数据、设备安装数据等。

（5）维修数据。与传输作为向使用人员或产品维修组织咨询回复的建议或技术回复的一部分的维修信息或维修指南相关的数据。大多数据情况下将如服务通告类的技术文档作为附件，以便使用人员或PMA执行改进、零件替换、特殊检查、降低现有寿命约束等。

（6）产品数据。如受影响的产品类型、适用性、制造商序列号等。

（7）技术状态数据。与受安全性事件影响的零件相关的数据，如零件名称、零件号、序列号等。

（8）事件数据（与安全性事件相关的数据）。

①事件描述；

②事件类型；

③事件严酷度；

④事件频率；

⑤事件检测条件；

⑥事件原因描述；

⑦确定事件因素。

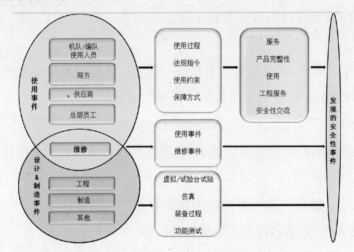

图5-1 报告安全事件的主要组织和来源

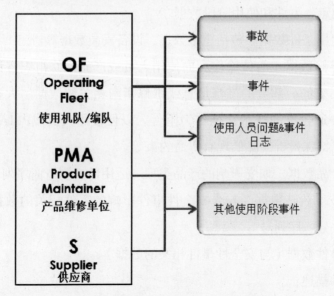

图5-2 在役安全数据处理的主要使用者

5.5　业务场景

定义了三个交换安全性数据的业务场景。第一个是从使用方到工业部门的数据反馈，后两个是从工业部门到使用方的反馈。

这些业务场景中报告的数据和文件与以上安全性数据目录保持一致。

5.5.1　业务场景1：报告安全性问题

本业务场景的目标是将来自于使用方与影响安全性的所有事件相关的信息进行汇总（图5-3）。最基本的目标是对使用方发生的事件细节在使用人员和工业部门之间实现及时传输。使用方可能包括PMA组织。

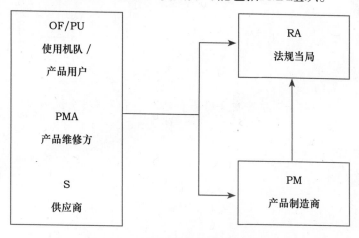

图5-3　报告安全性问题的接口

5.5.2　业务场景2：报告安全性警告及建议

本业务场景的目的是当找到安全性问题的解决方案时，通知使用方关于安全性问题的使用限制。警告是告诉其他人会严重影响安全性并需要迅速注意的缺陷。为对其他使用方有帮助，技术性警告报告 应该详细列出所有降低风险所必须考虑的活动（图5-4）。

5.5.3　业务场景3：提供特殊安全性指导

本业务场景的目标是提供需要由使用人员执行的特殊安全性指南以便确定并解决安全性问题。特殊指南用于建议可能的安全性故障，这些故障需要改进并需要快速处理（图5-4）。

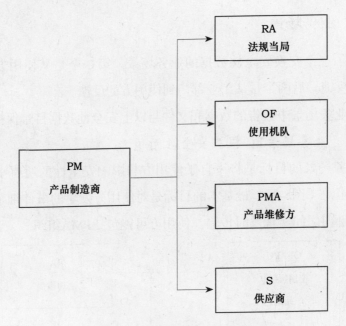

图5-4　报告安全警告和建议，并提供安全说明

第6章　供应保障数据反馈

6.1　介绍

作为综合保障（ILS）元素之一的供应保障，其目标是对产品保障策略的制订提供依据，包括预测修理零件、备件和所有类型供应品的采购，以确保为产品和维修人员提供最佳的设备/能力，同时也将产品寿命周期的总拥有成本（TOC）降至最低。

6.2　目标和范围

S5000F标准中供应保障反馈的目标和范围是在反馈过程中充分考虑供应保障策略的所有方面，并确保部署的资产所做的改动、备件/消耗品消耗量的初始预测、供应链和库存管理持续优化，保证资产的最大可用度，同时将维持资产的成本降至最低。

本章的范围和目的不包括S2000M中包含的活动，以及本标准其他章节的内容。

6.3　供应保障描述

供应保障包括管理活动、采购和技术咨询、分类、接收、存储、运输、备件问题和处理、备件修理以及供应。供应保障包括初始保障的供应以及采购、发货和补充库存等供应链管理策略中的内容。合理的供应保障管理会保证在正确的地点、正确的时间有满足数量的价格合理的备件、修理零件以及所有类型的供应品。

供应保障中的关键活动包括：

（1）全球备件库的可视化管理。

（2）常规库存补充管理，包括缓冲和安全库存管理。

（3）保障响应时间。

（4）需求预测和备件满足率。

（5）物料清单管理和维护。

（6）分类（SM&R码、NSN）。

（7）运输、接收和存储。

（8）维修管理。

（9）货架寿命管理。

（10）质保管理。

（11）供应链保证。

（12）供应链管理。

6.4 业务场景

本部分的目标是列举与标准中其他章节供应保障中活动不重复的业务场景。表6-1汇总了相关的业务场景和他们参考的其他标准，以及对应的章节。

表6-1 业务场景汇总

活动	参考
备件订购	S2000M
发票	S2000M
登记	S2000M
报废	S5000F 第10章
质保	S5000F 第8章
库存管理	业务场景1（参考6.4.1节）
货架寿命管理	业务场景2（参考6.4.2节）
备件与保障设备共享池管理	业务场景3（参考6.4.3节）
保障响应时间	业务场景4（参考6.4.4节）
设施管理与维修	业务场景5（参考6.4.5节）

6.4.1　业务场景1：库存管理

OEM制定维修项目的主要目标是成功将备件和消耗品的库存维持在比较好的水平。注意：因为具体的备件订购和发票都与S2000M一致，因此没有在S5000F中介绍。

本业务场景建立对初始供应持续优化的模型。本业务场景建模所需的实体如下。

（1）机队/编队数据：

①产品编号；

②使用数据；

③技术状态；

④场所号；

⑤可用度。

（2）零件使用：

①零件号；

②制造商ID；

③序列号；

④长期消耗；

⑤平均非计划拆换间隔时间（MTBUR）；

⑥失效地点。

（3）库存：

①零件号；

②制造商ID；

③现有备件号；

④上次采购的价格；

⑤采购提前时间；

⑥运输数据；

⑦处理信息。

6.4.2 业务场景2：货架寿命管理

货架寿命是初始供应的一部分。然而环境条件、包装和材料的变化都可能改变预期的设计货架寿命，会影响质保以及持续采购一些零件需求相关的更新信息。

（1）仓库：

①平均零件存储时间；

②平均湿度；

③平均温度；

④空气质量。

（2）仓库中的零件：

①零件号；

②制造商ID；

③序列号；

④过期日期；

⑤货架寿命；

⑥批次号。

6.4.3 业务场景3：备件&保障设备池管理

有全球化客户或全球化部署的产品可能需要一个全球备件和/或保障设备池，通过该共享池可以支持多个国家/客户采购并管理备件和保障设备，但同时也支持零件按照波动的需求在不同客户国家进行调配。持续对这些零件的调配和采购进行监控可以帮助减少产品总的支持成本。该业务场景可以追踪的数据包括但不限于以下内容：

（1）全球备件和保障设备共享池的处国家号。

（2）每个国家使用基地和仓库号。

（3）零件信息和采购数据。

（4）零件和保障设备共享池中零件调配的次数。

6.4.4　业务场景4：保障响应时间

全部的保障响应时间的信息是确保产品满足可用性目标的重要因素。这个时间从记录故障开始直到故障修复，产品可以再次使用为止。该数据的反馈可以影响供应中心的选址、采购周期和修理的时间。

6.4.5　业务场景5：设施管理和维护

设施业务场景的目标更新并维护设施的详情，包括环境和安全需求、设备条件、占用空间、提高跟踪属性的场地有效性和反馈。

第7章　寿命周期成本分析
所需数据的反馈

7.1　定义

定义和缩略语详情参见第16章。

7.2　介绍

进行特定系统的成本评估之前必须清晰定义分析的边界。一个系统会有多种类型的成本，如寿命周期成本（LCC）、总拥有成本（TOC）和全寿命成本（WLC）。以上每种类型成本的定义中都包含不同的成本元素（详见本标准的定义章节）

LCC是产品整个寿命周期从概念到退役的累积成本，通过经济性分析的流程确定，考虑对包括产品的采办、拥有和处理成本的总成本的评估。它由所有直接成本和非直接成本构成，包括系统的采购、使用和保障和处理成本。

LCC评估流程由一系列活动组成。此流程受关注系统的特性和复杂性、成本评估的范围、成本数据的可用性以及寿命周期阶段的影响。系统的寿命周期一般分为定义、准备、研制、服役、处理五个阶段。

LCC评估过程包括清晰的目标定义、建立项目内容、成本边界和成本消耗以及确定的LCC结构。

LCC评估可以分析主要成本因素并可帮助比较备选方案。可以重点花费，并确定可能的成本节省方向，以及技术和组织改进的方向。

可以通过列出所有需要在计算中考虑的成本元素清单，对每个项目的LCC进行准确定义。该清单一般用成本分解结构（CBS）进行描述。不同组织或有时同一组织不同项目之间CBS的内容也会不同。

关于执行LCC中的五个阶段、LCC不同的计算方法等详细信息，可以参考ASD S3000L第14章。

7.3　范围

应该看作是贯穿项目寿命周期持续的活动。

LCC评估包括以下主要活动：

（1）成本元素定义（S3000L第14章）。

（2）确定产品每个寿命周期阶段的成本元素。

（3）在成本分解结构中对所有确定的成本元素进行累计。

（4）基于成本元素和CBS计算LCC。

本章的范围是确定并累计使用阶段和处理阶段相关的成本元素。

7.4　目标

一个成本元素一般关联到部署在确定"场地"，在某确定"时间"，执行"活动"的"产品"所用的"资源"。这些特性可以从五个维度去考虑（图7-1）。每个维度可以分解成对应于特定系统阶段的不同"专业/领域"（如设计专业一般在研发阶段）或多个阶段通用的"专业/领域"（如训练专业）。

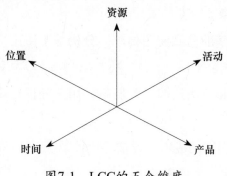

图7-1　LCC的五个维度

本章的目标是定义在使用阶段和处理阶段用于确定成本元素的五个维度（资源、活动、产品、时间和位置）所包含的所有可能的专业。

在使用阶段执行的各种各样的活动会影响快速确定及累计成本元素。因此基于共同特性将大量实际活动归组，从而实现将大量的实际活动用少量的通用活动来代替，为了执行通用的活动，需要对特定的产品使用特定的资源。

7.5　典型应用

在使用阶段，产品将会在预期的使用场地提供所需的能力，从而满足客户的费效比和保障服务（包括维修）需求。通过对产品持续进行监测，可以基于成本和效能对产品进行优化。

产品改进或升级的需求可能来自使用环境的改变，产品中发现的缺陷，使用人员的建议或降低成本的机会。当改进或升级的改动的必要性得到认可后，产品可能重新进入定义阶段或研发阶段。

在使用阶段，保障方案会不断优化并验证。在这个过程中一个重要的功能是成本的优化。

7.6　典型的成本数据

下面列出了使用阶段寿命周期成本分析时可能用到的业务场景的实例：

（1）维修成本评估。如果需要替换一个单元或保障设备，则评估备选的维修方案和对保障系统进行重新设计。

（2）以成本为基准监测使用要求。分析基于使用剖面或任务能力提出更改的需求如何影响LCC。

（3）评估成本和升级或改进的影响。用于分析建议的更改对整个系统产生的影响。

（4）优化服务保障的成本。评估并比较系统/产品替换、修复/寿命延长或处理等不同方式对成本的影响。

7.7　输入

为了追求系统或产品使用中高的费效比，需要输入数据。

这些数据包括早期阶段的信息，如研发阶段或在早期定义阶段执行的使用研究。其他所需的信息是使用需求、保障系统或产品的信息。还需要与保障人员、保障人员训练、设施、备件和修理件、技术资料、测试和保障设备和工具，以及包装、搬运、储存和运输（PHST）或合同数据成本相关的信息。

另外，还需要假设和部署相关的数据。收集使用阶段来自用户的信息，如用户满意度、使用和保障经验和其他使用反馈数据。

7.8　输出

使用阶段成本分析的主要输出是产品使用和保障相关的成本。输出结果将支持决策人员预测将来的成本、管理已有的预算以及必要时进行选项分析。

对于未来成本的预测需要一定的实际使用剖面的知识。也可以将实际成本与早期预计的成本进行对比。通过对输出结果和用户进行分析，将形成产品使用费效比的基础。

7.9　成本分解结构

在S系列LSA标准S3000L的第14章介绍了通用的成本分解结构（CBS）。

LCC中CBS有两方面的作用：它必须支持整个成本评估流程并且必须考虑计算和评估相关成本。另外，CBS还有管理功能，作为必须评估的成本的检查单。基于以上目的，LCC必须以结构化的方式分解成单独的成本元素。

CBS包括通过五个维度（活动、资源、产品、时间和场地）定义的所有成本元素。不同维度可以定义不同系统阶段相关的"专业/领域"。

为确定使用阶段和处理阶段的成本元素，本段将详细介绍这两个阶段五个维度所包含的主要"专业/领域"。

在使用阶段可能对整个系统（或系统之系统）或子系统或某单元或子单元执行LCC分析。

后续子段落中列出了五个维度中的专业领域。对于每个专业，也给出了相关成本元素维度的数据建议。

7.9.1 使用阶段的活动维度

表7-1给出了建议的使用和退役阶段活动维度需要考虑的主要专业和相关数据。

表7- 1 活动维度的专业和数据元素

维度和参考	专业/领域	相关的数据	说明
活动A1	使用	年使用率（训练、测试或使用率）	
活动A2	任务支持	管理和监督（全球和组织领导） 管理（行政领导） 使用控制（使用领导） 安全性活动规划（使用性和非使用性） 质量控制 保密和相关技能等级 保障 能源（电—油—气……） 额外的装卸保障（防御系统的弹药、核武器的放射性物质，所有所需的物质/子系统） 使用仿真（训练） 通信（邮寄、载体） 人员服务（生命保障、休闲、医疗护理……） 防御和经济情报	考虑的成本必须与分析的系统一致
活动A3	维修	主装备的预防性维修（所有层级） 主装备的修复性维修（所有层级） 故障检测和相关设备 系统和相关设备的测试和校准 功能性和/或物理性检查 故障隔离 预防 大修 相关保障设备的使用 备件和/或组件的替换 相关保障设备的维修和相关的训练	维修级别包括：用户、专业修理人员、站点或工业部门和代理机构（临时或持续的）的维修

（续）

维度和参考	专业/领域	相关的数据	说明
活动A4	补给	再订货以保持在可接受的库存水平 引进新设备后的新备件/组件供应（初始供应） 适用新规则（新的年使用率、新维修技能或更改维修级别）	
活动A5	训练	新用户的初始培训 使用训练 维修人员的维修培训 培训人员的培训 周期性训练 持续训练	该领域包括培训人员的培训和其他初始培训课程，通过这些课程人员会学习使用和维修系统
活动A6	包装储运	包装：类型、体积、防水、防震动、防潮 装卸 存储 运输（类型、持续时间、人员等）	对于主要任务和保障设备、可修理件、二级产品、POL和往返运输于使用和训练区域的弹药。可能还包括采购成品的运输或由厂家运输。排除以上之外的可修理产品的PHST成本从库存基金中报销
活动A7	持续工程保障	持续工程和项目管理负责 维护全部系统 维修系统可靠性 达到高的使用可用度等级 认可设计更改 确保与标准规范一致	可能包括（但不限于）政府和/或承包商对组件功系统的工程服务、技术建议和训练
活动A8	改进配套产品采购和安装	改进产品采购 改进配套产品安装 产品改进后的初始备件 相关的保障 相关的训练设备	只包括需要达到可接受的安全性水平、避免任务能力缺陷、提高可靠度或降低维修成本所进行的改进。不包括提供额外使用能力的改进，这些改进在初始设计或性能标准中没有提出要求

（续）

维度和参考	专业/领域	相关的数据	说明
活动A9	软件维修保障	更新或升级 维护 改进 集成 技术状态管理 使用可用度 诊断 训练设备 保障设备	不包括重要的重设计、大的接口软件开发、或功能性改进
活动A10	恢复	事件之后或寿命中期的恢复 以提高以下性能为目标的改进 可靠性 使用可用度能力 系统寿命持续期的性能标准	可以看作是系统使用阶段发生新的采购
活动11	处理	对禁用的物质/产品分级 消毒 长期储存 特殊培训 系统零件使用或重用	
活动12	设计更改	关注系统部署前或部署后系统设计可能的变化	
活动13	性能监测	收集参数为评估和监测的综合保障活动提供标准，包括： 规划目的的活动 进度目的的活动 确定奖励标准 评估保障方案	
活动14	设施	采购管理 新建筑或设施 新址 转换或扩展 维修管理 使用管理 为以下目标进行评估： 研发 生产 测试（使用和保障）	包括装卸或存储危险材料或垃圾的设施，包括地下油库

（续）

维度和参考	专业/领域	相关的数据	说明
活动A15	其他	所有需要说明的持续性保障	可能包括后续的使用测试和评估，如测试范围使用、测试保障、数据精减以及测试报告。包括了其他的所有相关活动

7.9.2 使用阶段的产品维

表7-2给出了使用和退役阶段产品维需要考虑的部分专业和相关信息的建议。

表7-2 产品维的专业和数据元素

维度和参考	专业	相关数据	备注
产品P1	主装备	交付的硬件；交付的软件	海陆空的装备会有很大区别，因此不能用一个通用文档进行描述
产品P2	保障元素	数据：所有的交付数据和出版物，如手册、工程数据、管理数据、保障性分析报告（LSAR）和维修规划 备件：维修过程中进行替换的组件、装配件和子装配件 保障设备：在产品预定环境里测试或使用产品或设施所需的设备和软件（不包括机内测试设备，因为一般认为其是主装备的一部分） 训练设备和物料：所有训练设备（模拟器等）和设备（课程材料……），用于帮助理解系统使用和维修指南的附件或辅助器材。这些不包含在培训活动中。 PHST方式：主装备和其他保障系统所需的所有包装方式（如窗口），装卸、存储和运输 设施：使用和维修主装备和它的保障系统所需的工业部门和政府采购的设施	不论是什么样的主装备，保障元素的分类都是通用的

（续）

维度和参考	专业	相关数据	备注
产品P3	特殊方式	用于系统采购或保障的系统元素设计、研发、制造、改进：仿真工具和相关保障元素 装配设施和相关的保障元素 测试和试验设施和相关的保障元素	政府和承包商可能会提供特殊方式。第一种情况中，通常称为政府采购设施（CFF）

7.9.3 使用阶段的资源维

资源维可以分解成表7-3中的专业。

表7-3 资源维的专业和数据元素

维度和参考	专业	相关数据	备注
资源R1	人力人员	使用人员维修人员或保障使用系统的人员 保证系统战备完好性的人员（训练、管理需求） 对于每类人员，需要考虑以下数据： —基本工资 —社会保险 —退休工资 —住房、工服、出差、外派津贴 —奖金	该专业确定的成本包括： 直接成本：系统使用人员和维修人员相关的成本。对于使用或维修多种系统类型的人员，将成本分配到相关的工作台 间隔成本：与组织的命令、管理、监督、使用控制、规划、进度、安全性、燃油、防御系统弹药装卸等相关的成本，很难简单分配到特定的系统
资源R2	设备	用于使用或维修系统的多种保障设备，但是因为他们需要在不同系统之间共用，因此不是项目的产品	如在项目框架中研制的一种测试设备，只用于采办的系统，可以看作是该项目产品。但是已经在其他已有系统中使用也可以用于新系统的测试设备应该作为新系统的资源 当然，这两种情况下，该测试设备对维修人员来说都是资源

（续）

维度和参考	专业	相关数据	备注
资源R3	消耗品	消耗品是项目中不属于产品的所有资源，在使用或保障主装备时会不断消耗。包括： 润滑油（POL） 弹药 不包含在初始备件中，但经常需要补充的不可修理件 原材料和标准工具，水、食物和衣物	
资源R4	设施	该资源指项目中不属于产品，但用于在全寿命周期中保障系统的安装和设施： 固定资产：建筑、路 准固定资产 临时资产 移动资产：军事基地	
资源R5	服务	承包商提供的服务 子承包商提供的服务 运输（不包含在PHST中的）	
资源R6	信息	政府提供的信息（GFI）或需要成本的版权信息	
资源R7	公有和私有部分	公有活动（不同类型的人员、消耗品、服务等）和私有活动（最重要的是经济因素）会有区别	

7.9.4　使用阶段的时间维

时间维可以分解成表7-4中的专业。

表7-4　时间维的专业和数据元素

维度和参考	专业	数据元素	备注
时间T1	日历时间	小时、周、月、年、任务持续时间、飞行小时	
时间T2	使用周期	使用循环数	

7.9.5 使用阶段的场地维

用于产品寿命周期成本元素的通用场所如表7-5所列。

表7-5 场所维的专业和数据元素

维度和参考	专业	数据元素	备注
场所S1	场所	单位 仓库 车间 工业组织 国家组织 单位成本中心 成本核算对象	

7.10 确定并累计成本元素

现场确定的成本元素和数据执行完上述段落定义的列表中的活动及适用的资源分析后，可用于产品树的三个方面：

（1）主装备（可分为硬件（HW）和软件（SW））。

（2）保障元素。

（3）特定方式。

如果采用正确的以及综合的使用活动列表，通过对每个产品元素的通用活动分析可以确定可能的成本元素。所有成本元素需要完善两方面的信息：时间维（如20YY年、MM月等）和场所维（如X国、Y使用基地等）。

成本分解结构可以包含不同系统阶段或相同阶段中不同子阶段的成本元素（如在2020年考虑的设计更改）。这些数据元素可以作为待定的（空单元），并当有反馈数据时进行累计（如发生在2021年的设计更改）。强烈建议在CBS中保留这些成本元素，并且当这些成本生成时进行"提醒"并使用。

成本分解结构必须基于系统类型（如飞机、船、汽车等）、合同需求、成本边界定义（如以前列表中不包含的客户指定活动）等进行定制。

7.11　数据交换业务场景

以下是对不同LCC分析目的成本数据进行分析的业务场景。

1.　业务场景1：提供成本分解结构

本业务场景包含两个组织之间交换成本的分解结构，一般用于成本监测或合同目的，或对LCC数据进行更好的分类。注意：本业务场景与第13章中相同名称的业务场景可以共享。

2.　业务场景2：评估维修成本

本业务场景包含了接收维修成本信息的需求（人力、物料等），以便执行维修成本的评估。

3.　业务场景3：使用需求所需的成本

本业务场景包含了所需信息的供应，以便确定使用需求相关的成本。

4.　业务场景4：改进或升级的成本

本业务场景包含了确定改进或升级相关成本所需提供的信息。

5.　业务场景5：使用保障成本

本业务场景包含使用阶段保障发生的成本。

第8章 质保分析所需数据的反馈

8.1 定义

缩略语和定义详见第16章。

8.2 介绍

对于所有交易，质保是承包商向客户提供的保证，提供关注的信息、需求、使用条件或应该信息的信息。质保明确了客户在出现系统部分或全部损坏或不能工作时所具备的权利。没有标准的质保条款，但是需要就大量的选项与承包商达成一致，以便定义质保的范围、持续时间、硬件和软件适用性。

合同的质保有以下几种类型：①无质保；②有限的质保；③默认质保；④寿命周期质保；⑤媒体保证；⑥保修。

质保的示例如下：

（1）"使用和恢复"质保，考虑交付系统的所有设备。

（2）存储质保，包括交付和相关的包装和装卸。

（3）供应和装配件的质保，关注承包商基于设备和子系统构建系统。

（4）保证合同需求、保证系统和设备满足装配、质量和测试标准规则的质保。

8.3 目标和业务场景

质保数据反馈的目的是提供系列信息，用于分析质保声明的正确性和管理缺陷所需的相关活动。质保数据反馈的主要目标是：

（1）提供评估维修活动的方式（是否在质保范围，是否有效率，是否能在规定时间完成，是否需要备件，以及这些备件能否准时提供等）。

（2）提供收集质保成本的方式，从恢复可用性所需的活动到保证必需的修复性维修活动可行的其他活动（修理、包装、装卸等）。

（3）提供确定质保误用的方式。

（4）确定引发质保项目风险的产品。

（5）积累经验，为新项目改进质保规则和流程提供依据。

表8-1 列出了这些目标相关的活动。

表8-1 支持质保数据反馈目标的相关活动

目标	活动
提供评估维修活动的方法	记录系统的故障信息 隔离故障设备并确定相关的修复活动 收集故障相关的信息，以确定故障是否在质保的范围
提供收集成本的方法	监测维修活动中发生的物料和人工的成本 记录实际赔偿的成本 传输支持质保条款的成本数据及故障数据 记录质保范围外的故障和/或失效
提供确定质保误用的方法	确实和记录误用情况和相关的原因 记录风险产品（当组件失效率超过预算损失率时进行组件数据评估）
确定引发质保风险的产品	跟踪风险项目在质保流程的何处引发风险
改进标准质保规则和流程	确定质保流程不足之处并定义相关的改进 组织并记录反馈信息 管理利益相关方的沟通

8.3.1 质保数据反馈

数据如何由客户和承包商生成质保流程如图8-1所示。

注意：在这种流程中一般需要正式的沟通，明确影响质保期的日期、技术和法规政策。

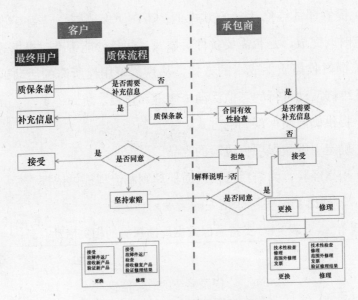

图8-1 客户与承包商质保流程

8.3.2 定义的业务场景的质保反馈数据分析

1. 业务场景1：评估维修活动（表8-2）

表8-2 目标1：提供评估维修活动的方式

组	数据组名称	数据元素名称	数据提供方
1	系统质保期内的故障记录	日期时间 故障类型（功能&物理） 硬件，软件，其他 源头：人为，在使用条件下，外部损坏（震动、病毒等） 从首次发现到完全恢复可用性的间隔期	客户
2	确定故障并启动索赔活动	故障隔离时间 是否需要额外的技术性检查 采取活动的定义（修理、标准互换、技术状态更改、子系统或设备的改进等） 现场可更单元（LRU） 零件号 技术状态 序列号	承包商
3	接受索赔	合同范围内的索赔 及时发货	客户 承包商

2. 业务场景2：收集质保成本

表8-3为每个目标和相关的活动确定了一个业务场景，以及为满足该目的所需反馈的数据。

表8-3　目标2：提供成本收集方式

组	数据组名称	数据元素名称	数据提供方
1	维修活动的质保成本	工时 工资率 所需的备件 所需的消耗品	客户
2	记录实际赔偿的成本	"超出范围"的成本与总成本比较	客户和承包商
3	成本和故障数据	接收后或上次故障后使用小时/循环数对系统可用度的影响级别（无—低—中—高—非常高）	客户和承包商

3. 业务场景3：确定误用的质保（表8-4）

表8-4　目标3：提供确定误用质保的方式

组	数据组名称	数据元素名称	数据提供方
1	质保范围外的产品	质保中不涉及的成品/设备或子系统数量 组成系统的成品/设备和子系统总数	承包商
2	质保范围外的故障	接受索赔的数量 拒绝索赔的数量	客户
3	确定质保的误用情况	列表中的分类 超出物料范围 超出商业/法律范围 超出质保期	客户和承包商

4. 业务场景4：确定引发质保项目风险的产品（表8-5）

表8-5   目标4：确定质保风险高的产品

组	数据组名称	数据元素名称	数据提供方
1	质保风险高的产品	产品失效率 对系统可用度的影响级别（无—低—中—高—非常高） 产品价格 平均故障间隔时间	客户
2	特殊质保风险	当产品需要如下特殊活动时，必须确定条件（化学或辐射组件，不防水的） 供货时间 平均修复时间 平均替换时间	承包商

5. 业务场景5：标准质保规则和流程的改进（表8-6）

表8-6   目标5：标准质保规则和流程的改进

组	数据组名称	数据元素名称	数据提供方
1	质保链的效率	索赔周期 故障产品/设备的修理/替换周期	客户
2	启动索赔	客户组织确认索赔的周期 最终用户启动索赔的日期 承包商收到索赔的日期	客户
3	索赔处理	承包商收到索赔的日期 接受或拒绝声明日期	承包商
4	质保反馈	可接受的索赔数量 平均索赔周期 平均修理周期	承包商或客户
5	质保交互信息	拒绝之后又接受的索赔数量 两次拒绝之后的索赔数量	客户
6	质保信息的传输方式	电邮 传真 信件	客户或承包商

第9章 产品健康和状态监测所需的反馈数据

9.1 介绍

健康和状态监测系统可以提供数据，辅助以下活动：

（1）预测故障。

（2）诊断。

（3）自诊断。

（4）产品监控。

（5）减少维修成本。

（6）提高安全性。

（7）确定保障需求。

（8）记录实际使用数据。

（9）有效期。

可以根据需要报告运行状况和使用情况，为保证一致性，数据应标准化，以及为进行技术状态控制和分析，需要包含一个基线数据集。记录的数据和信息应具有足够的质量，以允许从一个系统传输到另一个系统进行分析。

可以根据需要报告运行状况和使用情况，为保证一致性，数据需要标准化，以及为进行技术状态控制和分析，需要包含一个基线数据集。应该保证记录的数据和信息的质量，以便分析时在不同系统之间进行数据转换。

健康和使用监测系统应该提供：

（1）实时报告（使用人员或机队经理）。

（2）数据存储。

（3）数据传输。

（4）数据录入。

所有影响受监测对象的维修都应该记录下来，可能会人工将数据记录到健康和使用监测系统中。需要考虑人工数据向日志系统的转换。

健康和使用监测系统可以：确定支持产品自诊断的参数、增加记录率、通过集成系统自动报告或非集成系统处理的日志数据。

健康和使用监测系统输出的结果可影响产品的保障需求，相关数据包括：

（1）状态监测。

（2）运行成本。

（3）维修规划。

（4）使用。

（5）使用的消耗品。

（6）使用合理性。

（7）性能。

辅助决策。产品所有人员、使用人员或维修人员应该确定：

（1）需要监测产品的哪些零件？

（2）如何监测这些零件？

（3）如何收集数据并进行综合？

（4）如何报告数据？

（5）如何验证数据？

（6）用于分析或传输的数据如何进入系统？

（7）谁在何处进行数据的分析？

（8）数据应该保留在何处，以及如何保留？

（9）数据或信息如何访问？

健康和使用监测系统应该能够检测虚警，虚警的意思是虽然报告异常，但是实际没有问题。

健康和使用监测的功能包括记录、报告和响应。它们之间的关系如图9-1所示。

图9-1 记录、报告和响应之间关系

9.2 定义

产品健康和使用监测这一术语的意思是通过数据收集和分析手段来帮助确定和提高产品的可用性、可靠性、性能及安全性。健康和使用监测活动可以是集成的或产品中一个集成的部分。有些健康和使用监控系统可以自诊断并通过降低产品预定义功能的方式修正使用参数以保护产品。自诊断系统应该清楚异常如何影响产品完成任务的能力以及如何影响保障系统。

9.3 范围

本章定义健康和使用监测收集和反馈中的通用活动、基本定义和基本的数据字段。面向所有需要健康和使用监测系统产生的工程性能指标的人员，这些人员主要负责工程或使用监测、工程设计更改、状态监测和备件供应。

但本章不可能列出全部必要的用户信息以报告健康和使用，主要目标是定义基本的数据集要求：它不包含产品之外发生的活动或所有特定的利益相关者的需求，如出于持保或保障目的监测产品的所有详细的告警设置。

本规范不考虑安全性相关因素。

9.4 健康和使用监测系统组成

健康和使用监测的目标是获取被监测的零件或整个系统的数据，以进行分析，并在需要时采取相应措施。

本章介绍健康和使用监测的基本功能有记录、报告和响应。这些基本功能在后续部分有详细介绍。一个健康和使用监测系统应该包含其中一个或全部功能。

9.5 健康和使用监测系统元素

健康和使用监测系统的基本元素包括：

（1）传感器网络。

（2）在线存储或处理（集成）。

（3）离线分析（非集成）。

9.6 记录

记录数据的目标是保存分析所需的数据。为确定用户分析所需记录的数据，必须确定记录数据的目标，从而确定实现目标的方式。然后，基于这些活动确定基础的数据类和元素。

9.6.1 记录目标

监测和记录数据的目标是：

（1）执行分析。

（2）通过分析确定问题。

（3）通过分析确定性能。

9.6.2 记录活动

记录中的主要活动包括：

（1）确定所需记录数据的数量。

（2）确定记录的内容。

（3）确定数据记录的频率。

（4）确定存储介质。

（5）确定数据访问方式。

（6）确定数据分析的方法。

（7）确定数据的保存期限。

（8）确定数据备份过程。

9.6.3　记录指标

有很多不同的属性可用于衡量记录数据相关的活动，包括：

（1）易于记录。

（2）易于访问记录的数据。

（3）检测故障率。

（4）适合存储。

（5）更新和传输。

（6）准确性和一致性。

9.6.4　记录的数据类和元素

虽然列表已经非常完整了，但是基于系统或专业（陆、海、空和太空）的特殊使用需求，可能还需要其他的数据元素。

数据类和元素应该至少包括以下内容：

（1）技术状态。

（2）环境参数。

（3）错误和故障代码及描述。

（4）组件功能状态。

（5）系统功能状态。

（6）任务剖面。

（7）系统使用参数。

记录的数据可用于辅助评估RAMCT（可靠性、可用性、维修性、测试性和能力）和进行保障性分析。

相关信息汇总，可以分为以下类别：

（1）存储条件（温度、震动、冲击、特殊存储条件、超出约束的条件、在正常条件下存储的时间、总存储时间、风速）。

（2）产品使用（损耗率、消耗品使用情况和物料使用情况）。

（3）运行状况。

9.6.5 应用场景1：记录使用和健康数据

本应用场景提供了确定使用性能所需的数据。需要将获取的数据与设计或性能指标以及使用需求进行对比。

本应用场景包含了用于支持RAMCT、LSA和安全性分析所需数据的记录。本应用场景所需同的信息如下：

（1）技术状态。

（2）使用状态及设计状态。

（3）包含设备在内的实际可靠性。

（4）使用履历。

（5）实际性能。

（6）产品状态。

（7）产品信息。

（8）设备可用度。

9.7 报告

报告数据的目标是通知用户或系统相关方系统的使用情况、系统的状态以及是否有备件需求。为定义集成系统或非集成系统所需的报告，必须确定报告数据的目标，以及基于这些目标所需的活动。基于这些活动可以形成用户报告所需的基础数据元素。

9.7.1 报告目标

报告数据的目标为：

（1）确定建议。

（2）提供分析过的数据。

（3）确定关注的区域。

（4）提供可用信息。

（5）提供记录。

（6）提供易理解的输出结果。

（7）提供当前系统状态。

（8）标识系统或子系统寿命。

9.7.2 报告活动

报告的主要活动包括：

（1）确定报告如何使用。

（2）确定谁来使用报告。

（3）确定报告用途。

（4）提供真实情况。

（5）提供发生事件的信息。

（6）为其他系统提供输入。

9.7.3 报告指标

可通过以下指标确定报告中的输出和比较信息所需的活动：

（1）生成报告的时间。

（2）报告的准确度。

（3）信息的可用度。

（4）生成的报告数量。

9.7.4 报告数据类和元素

数据类和元素应该至少包括：

（1）技术状态。

（2）环境参数。

（3）错误或故障代码及描述。

（4）组件功能状态。

（5）系统功能状态。

（6）系统使用参数。

记录的数据可用于评估RAMCT和LSA。

相关信息汇总，可以分为以下类别：

（1）环境。

（2）温度、压力、冲击、震动、特殊存储条件、超出约束的条件、在正常条件下存储的时间、总存储时间、风、粉尘（腐蚀灰尘、沙、酸、碱）。

（3）维修。

（4）维修状态、使用状态、技术状态、下次计划性服务、维修时间。

（5）产品过载。

（6）正常参数、震动、冲击温度之外环境下使用。

9.7.5　应用场景2：报告使用信息

本应用场景提供了确定使用性能所需的数据。需要将获取的数据与设计或性能指标以及使用需求进行对比。

向使用人员或系统相关方报告设备的性能。报告的数据可能已经被系统分析过。本应用场景可被看作支持使用人员告警或子系统确定功能异常的父系统：不论如何都要生成报告，将这些信息记录下来并在需要进一步分析时可用。

本业务场景包含了用于支持RAMCT、LSA和安全性分析所需数据的记录。本应用场景所需的信息如下：

（1）技术状态。

（2）使用状态及设计状态。

（3）包含设备在内的实际可靠性。

（4）使用履历。

（5）实际性能。

（6）产品状态。

（7）产品ID。

（8）位置信息。

（9）环境。

（10）使用事件。

（11）设备可用度。

9.8 响应

响应的目标是警告系统其他零件和/或整个系统可能会出现或已经出现问题。为定义这些集成或非集成系统所需的响应，必须确定数据分析和响应的目标，并基于这些目标确定所需的活动。基于这些活动，确定用户所需的基础数据元素和活动。

9.8.1 响应目标

数据分析和响应的目标如下：

（1）能够自诊断是否存在故障。

（2）出现故障时采用合理的措施。

（3）降低产品损坏的概率。

（4）降低产品失效的概率。

（5）警告用户检测到故障。

（6）提醒用户已经采取措施来降低故障的影响。

（7）当出现性能降低时提醒用户。

（8）产品性能改变时提醒用户。

（9）提供当前系统的状态。

（10）确定系统或子系统寿命。

有些情况下分析或未分析的响应可能会导致产品性能降低，这时应该提醒用户，以形成正确的决策。

9.8.2 响应活动

响应的主要活动确定：

（1）确定所需的响应。

（2）确定响应的对象。

（3）确定响应的用途。

（4）确保响应可行。

（5）确定与其他系统组件的接口。

（6）确定如何通知用户。

（7）确定如何通知其他系统。

（8）所有响应活动的记录。

（9）响应活动的存储。

（10）确定其他系统或使用人员的问题。

（11）保存需要响应活动的数据。

9.8.3 响应指标

以下属性可用于确定针对使用问题响应相关的活动，包括：

（1）问题的响应时间。

（2）信息的可用性。

（3）有效响应数量。

（4）无效响应数量。

（5）响应数量。

（6）零件的运输时间"平均保障延误时间"（MLDT）。

9.8.4 响应数据类和元素

数据类和元素至少应该包括：

（1）问题解决方案。

（2）技术状态。

（3）系统状态。

（4）问题或故障代码。

（5）问题或故障描述。

（6）告警标识。

（7）系统功能状态。

（8）系统使用参数。

记录的数据可用于评估RAMCT和LSA。

相关信息汇总，可以分为以下类别：

（1）功能条件（使用承诺、使用结果与标准比较、使用循环数、允许的使用循环数、技术状态、维修状态）。

（2）产品的使用—消耗品的使用、每升千米数、每升小时数、使用的产品数量（油、燃料、弹药、过滤器、轮胎等）。

（3）减少的交通。

（4）减少的能量输出、减少的燃料供应（气、油或水）、轴承震动、使用环境的改变（海拔、灰尘、温度）、额外使用的其他在线系统BIT-BITE，增加的使用温度。

（5）RAMCT信息—平均故障间隔时间、失效率。

9.8.5 应用场景3：使用信息的响应

本应用场景提供了确定使用性能和响应条件所需的数据。需要将获取的数据与设计或性能指标以及使用需求进行对比。

向使用人员或系统相关方报告设备的性能。报告的数据可能已经被系统分析过。本应用场景可被看作支持使用人员告警或子系统确定功能异常的父系统：不论如何都要生成报告，将这些信息记录下来并在需要进一步分析时可用。

本业务场景包含了用于支持RAMCT、LSA和安全性分析所需数据的记录。本应用场景所需的信息如下：

（1）技术状态（使用状态和设计状态）。

（2）包含设备在内的实际可靠性。

（3）使用履历。

（4）实际性能。

（5）产品状态。

（6）产品ID。

（7）位置信息。

（8）环境。

（9）使用事件。

（10）问题报告。

（11）问题所采取的措施。

（12）设备可用度。

第10章 报废管理所需的数据反馈

10.1 介绍

报废一般是由于技术进步和逐渐引进满足相同功能或新功能而性能更高的产品。一般由工业部门确定淘汰的物料，大多数为电子/航电产品。报废涉及设备、软件、工具、流程、保障产品、训练、标准和规范，会影响系统、子系统、组件或元器件层设备的生成周期所有阶段。虽然不可预知，可能非常昂贵，不可忽略，但通过事先考虑和仔细规划可以将它的影响和成本降至最低。货架产品、项目专用零件、新设计的工具和生产过程寿命一般比以前用的传统产品短。随着商业物料（硬件和软件）应用的增加，必须在早期阶段开始就在项目计划中增加报告管理，并在采购合同中增加报废相关内容。

报废管理是确保产品在预期寿命期间可制造、可保障的流程。这个流程包括通过经济和实际供应可替换零件以及保障活动在产品预期寿命周期的规划和协调活动以保证产品的可用性。报废管理也是实现产品全寿命周期最佳费效比的必要条件。

10.2 报废管理

10.2.1 概述

报废管理的目标是确保在设计、研发、生产和服务保障的过程中整体管理报废，从而将产品寿命周期的成本和影响降至最低。必要时，需要采取验证和评审措施（如飞机、船和地面运输工具）。

为了将产品全寿命周期成本和报废影响降至最低，需要建立一个正式的报废管理流程。在采购阶段需要进行详细规划和采取相关活动，以确保在设备使用前建立有效的流程（图10-1）。

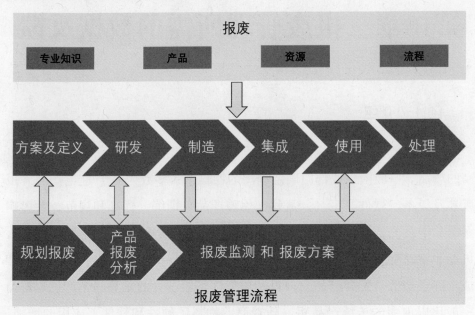

图10-1　报废管理流程——总体流程

该管理过程在产品早期开始，可作为使用阶段的基础。

本标准适用于服役阶段保障过程中的报废管理，以及相关组织为客户提供具备费效比的报废管理方式所需的反馈数据。

10.2.2　服役阶段的报废管理

受影响的组织应该积极开展报废管理（图10-2），因为它会不断发生可能会影响成本、保障性和产品寿命周期的事件。

需要确定如何实现报废和项目保障策略的交互。报废经理需要分析已经决定和到位的设备和保障安排。基于经验和分析，经理应该考虑报废相关的设备寿命的使用性风险。

通用的活动步骤为规划—系统分析—监测—报废。

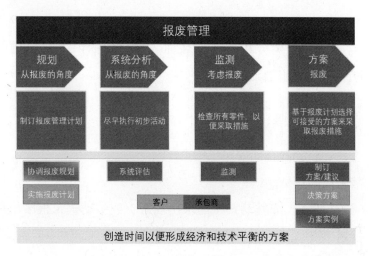

图10-2 使用阶段的报废管理

10.3 业务流程

为便于理解使用阶段支持报废管理所需的反馈数据以及便于理解业务场景，下文将对报废管理流程进行简单介绍。

10.3.1 报废管理规划

在使用管理的框架中，应该制订报废管理计划来确保相关报废活动的选择和实施。报废管理计划的目的是描述识别和减轻报废影响的策略。报废管理计划（图10-3）的目标：

（1）实现寿命周期成本、性能和可用性的最优组合。

（2）考虑所有物料，无论这些物料是客户定制化的，还是成品。

（3）与客户当前的保障安排保持一致。

（4）描述选择的策略。

（5）描述如何实施报废管理。

计划还需要确定如下因素/信息：

（1）范围。

（2）所有报废活动的目标。

（3）报废管理中受影响组织的角色及职责。

（4）周期性审查、报废监控和报告。

（5）对于每个需要分析的产品名称、客户的标识、初始组件制造商（OCM）和原始设备制造商（OEM）。

（6）OCM、OEM和其他相关信息。

（7）产品、设备以及使用的成品。

（8）客户和相关的合同安排。

（9）战略风险评估。

（10）策略选择，如被动式（需求出现后）或主动式（报废出现前制订报废管理计划/程序）。

图10-3　报废管理计划

10.3.2　确定报废候选项/执行风险评估

第一步，需要获取OMP中所有的结构化的产品数据和信息（产品分解结构）并将这些信息存储在报废数据库中（图10-4）。基于一系列的标准和待分析产品的信息，确定报废候选项。评估这些候选项的风险（影响、成本和概率），并确定每个产品的报废管理策略（图10-5）。

图10-4　报废分析步骤

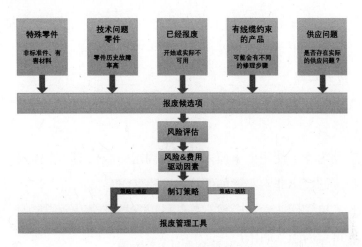

图10-5　报废分析流程

10.3.3　确定报废策略

对报废候选项应该进行影响、成本和概率相关的风险评估。一般将危害度分成三级（低、中和高），策略分为（主动式、被动式），并制订服役阶段相关的报废管理活动（图10-6）。

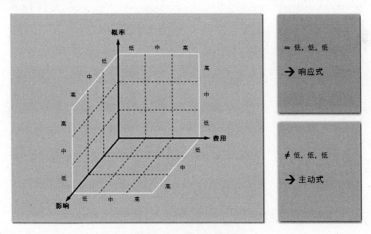

图10-6　报废策略

对组件级的候选项需要考虑的两类主要策略：

（1）响应式策略意思是当报废发生时对相关问题进行响应。

（2）主动式策略意思是提供报废事件和日期的预测。

这需要制订或适应总体策略。报废事件的预测是制订/适应总体报废策略的基础。总体策略的目标是阻止或减轻不可用、停止保障和高成本的风险，如报废事件发生之前确定设计更新的进度安排。

1. 响应式策略

如果影响、成本和概率都很低，就可以选用该策略。针对下述情况可以选用响应式策略：

（1）产品为满足使用要求而采购，有固定的服役期，不需要再采购。

（2）报废的概率非常小，如低技术产品。

（3）产品可靠性非常高，现有备件可以支持其全寿命周期。

（4）有可靠的OCM担保。

2. 主动式策略

与响应式策略不同的是主动式策略提供报废事件的预测：可能是硬件的停售或软件服务/技术支持的中止。

对于软件和硬件结合的产品，由于软件和硬件之间的依赖关系，要求产品管理时必须同时检查软件和硬件元素，而不是单独进行检查。必须找出硬件/软件兼容性之类的约束，并在预测时提出。

3. 总体策略

该策略从顶层（不是组件层）进行总体考虑，包括预期的寿命、使用小时、响应和主动工策略结合的升级策略。合同因素也需要考虑。策略管理方式如下：

（1）可用性和成本需求。

（2）固有设计特性，如可靠性、维修性。

（3）软件和硬件之间的功能依赖性。

（4）设计更新/产品升级。

（5）上次购买时间。

（6）一次性购买和设计更新的结合。

（7）联合采购。

（8）保障策略。

10.3.4　报废监控

采用主动式策略时，下一步是对报废管理流程进行监控。报废监控（图10-7）包括设计流程、物料和组件的跟踪。当任意产品接近或到达报废时，特别是会影响产品的保障时，应提供备选方案。

图10-7　报废监控

需要针对以下情况进行报废监控：

（1）对于报废时需要高的保障成本的产品。

（2）单一来源的产品。

（3）采用罕见技术的产品。

（4）执行关键安全性功能的组件/零件。

（5）使用阶段需要维护大量特殊产品时。

图10- 8 为报废监测和状态统计。

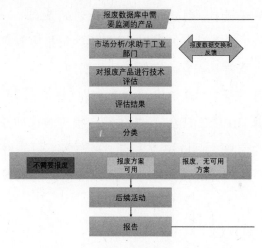

图10-8　报废监测和状态统计

111

10.3.5 报废方案/建议

基于报废分析和采取的策略,需要采取多种活动来降低报废的风险,减轻报废发生的影响。应该明确定义这些活动,并且应该在寿命周期成本分析和权衡分析之后,形成一个给客户的高费效比的建议,由客户来对建议进行选择和实现(图10-9)。

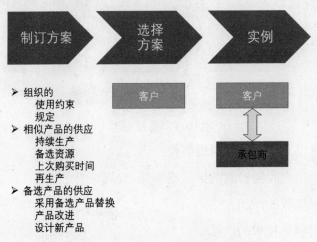

图10-9 方案制订、选择和实现

10.4 使用场景

10.4.1 使用场景1:创建报废管理计划的基础

该使用场景属于10.3.1节的范畴,并提供执行报废管理的产品的分解结构/使用技术状态,需要基于它确定任务的范围。

10.4.2 使用场景2:确定报废候选项/执行风险评估

该使用场景属于10.3.2节范畴,提供确定报废候选项并对这些候选项进行风险评估所需的信息。可以快速采购、来源多且可靠性高的产品可能不会作为报废候选项。因此,需要基于产品以下信息确定报废候选项和风险评估的标准:

(1)可靠性数据提供失效率。

(2)维修性数据表明产品维修活动的频率以及所需采取的维修活动。

（3）决定产品采购时间点的信息，如上次采购时间（LTB）。

（4）技术保障停止的时间点信息，如服役有效期（EOSL）。

（5）产品满足条件时存储周期，如货架寿命。

（6）考虑基于成本的决策的组件采购和修理成本。

（7）提前时间表示产品最小数量的订单需要的采购时间。

10.4.3　业务场景3：确定报废策略

本业务场景属于10.3.3节，用于提供确定报废策略所需的信息。确定响应式和主动式策略时需要用到业务场景2中介绍的可靠性和成本数据。影响相关的信息可以从FMECA中获取。

对于总体策略需要清楚产品从开始使用到报废的时间点。对于采购期长的产品上次的采购策略可能非常昂贵的，且不足够，但对于采购期短的产品这是非常好的决策。另外，有用的数据是产品升级以及与受产品升级影响的开始和结束日期。上次购买和升级时间的混合规划可能费效比很高。计划的升级安排是计算最后采购时间的基础。

因为总体策略取决于目标，因此需要清楚目标。目标可能是一个可用的图表、一种等待时间的方式或其他目标图表，但必须是可测量和验证的。因此，必须清楚需求或需求的更改对报废策略的影响。报废策略必须与需求（如上次采购的数量取决于产品预期的可用度）保持一致。

10.4.4　业务场景4：监控

如果采取主动式策略时，必须进行监控。监控的目标是对报废事件和日期进行预测。因此监控包括：

（1）通过收集系列产品使用起止时间进行使用数据监测。

（2）通过产品标识收集库存减少和增加的时间点来监测库存数据。

（3）通过收集修理/替换和报废时间点来监测维修过程。

10.4.5　业务场景5：报废方案/建议

为协调产品活动和报废活动，需要清楚产品停机的开始和结束时间，以便及时实施报废方案，如当飞机进行主要检查停机时来实施报废方案。

第11章 综合编队管理所需的数据反馈

11.1 介绍

综合编队管理（IFM）包括规划和安排产品编队和个别产品运行的所有必要任务，同时考虑到必要的维护，产品技术状态和所有可用性因素以满足运行需求。

IFM以前没有在S系列规格中描述过，原因是编队管理只在服务中发生。因此，本章包括IFM流程的描述。

11.2 范围

本章提供了进行综合编队管理活动所需数据的大纲；它涵盖了可以存在的不同类型的编队。

（1）单一经营者：单一类型的产品都在同一情况下运行。

（2）单个经营者：多个产品都在同一情况下运行。

（3）单个经营者：多种产品在多种不同的场景下运行。

（4）单一经营者：在多种不同情况下运行的单一类型产品。

（5）支持供应商/OEM：为单个运营商提供支持。

（6）支持供应商/OEM：为多个运营商提供支持。

11.3 综合编队管理目标

综合编队管理的主要目标是确保产品的可用性和功能，以满足客户的需求。IFM允许充分利用编队中的产品并高效运行。通过存储结果数据和开发趋势方法，可以检测异常行为并纠正错误。

IFM的关键方面之一是沟通。IFM与所有涉及提供产品可用性（客户、运营商、OEM、维护者等）的其他学科接口，以协调和整合其服务交付，以按照约定的服务水平协议（按合同）实现客户/运营商的要求。

11.4 综合编队管理流程

综合编队管理涉及多项以运营和产品管理为中心的活动。特别指出，其中一些可以有不同的角色。

以下部分旨在描述IFM应包括的最小过程，以便正确执行编队以及要交换的数据。

客户和维护所进行的活动是必须的，因为它不是本章的范围，所以被提及但没有详细描述。

（1）产品需求管理。这个过程是由客户进行的，它意味着建立了完成一项任务所需要的事件。这将随后被翻译成符合客户需求的产品特性和可用性。通常，该服务已经在先前与IFM提供商签署的合同中被定义，所以这些要求将被包含在其中。这个合同可以及时演变。

（2）产品用途。客户/运营商使用产品本身。在操作监控方面，有可能实时（使用与地面设备连接的板上工具）或产品处置时执行评估。一些产品甚至可以包括使用和健康监测系统，可以收集关于产品性能，使用寿命和运行过程中发生故障更准确的信息。无论如何，始终需要来自运营商的反馈来更清楚地了解情况，并执行更准确的故障排除步骤。本章不介绍使用和健康监测系统的过程，将在第9章中描述。

（3）运营管理。它包括围绕产品开展的所有业务活动，如运营计划和监控：更新产品可用性，将产品分配给任务，同时考虑到客户的反馈意见，建立产品执行任务的准备工作（加油，提供部署工具等），并从产品的使用中收集数据。

（4）产品管理。它包括与产品本身相关的所有活动以及需要使用的修改。它还包括处理产品和进行的检查以了解其状态（可以为此目的建立一本日志）。

（5）产品维护。它涵盖产品的维护计划的定义和更新，待执行的维护任务（计划和未安排）以及要完成的修改。有关产品维护的更多信息，请参阅第4章。

（6）产品设计。产品设计涉及在产品创建之前及其改进和支持期间进行的所有流程和活动。制造商负责这些活动，并提供必要的数据，主要是参考数据，对产品进行监控并确保其维护良好。

（7）合同。在图11-1中添加了高级别的合同管理描述，仅仅是为了强调具有服务级别协议的重要性，但不包括它的义务。

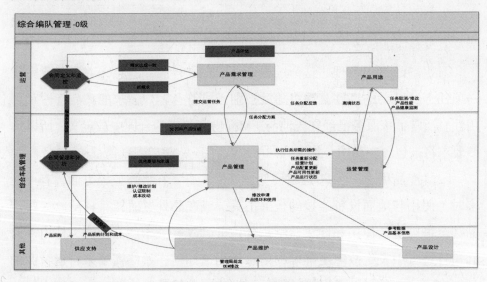

图11-1　综合编队管理（0级）

操作和维护活动在本章中没有被详细描述，但是它们被提及是因为信息是转移过来的。图11-2和图11-3提供了IFM流程细节。本章重点介绍IFM和其运行的主要过程。

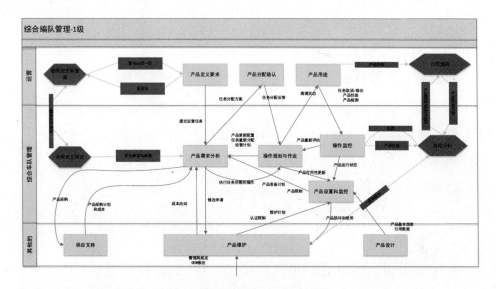

图11-2　综合编队管理主要流程细节（1级）

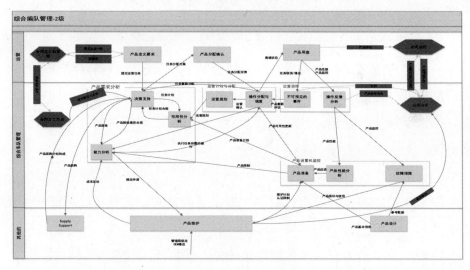

图11-3　综合编队管理主要流程细节（2级）

如果以汽车租赁公司为例，客户（和经营者）进入办公室，要求租赁具有特定特性的车辆（手动/自动、大小、柴油/燃气/电动、空调、GPS等），而且要求在特定的时间里（周、月）；租赁方向客户提供符合这些要求的可用汽车及其价格。此外，客户还可以签订保险服务和其他附加服务。

以下步骤将是接受汽车及其初步检查。如果客户同意这辆车的状态，租赁方则开始着手准备（油箱加满、汽车清洗）。客户使用该产品，通常在合同期限结束时，他将向租赁公司归还。

然后员工将检查车辆，取决于其是否损坏，遵照签约的合同和保险处罚。如果汽车已经损坏，员工将不得不把它带到维修店，或者如果只是一个零件，而且该车完全可以运行，将维护任务推迟到下次检查。

汽车租赁公司必须根据客户的数量和类型进行分析，如何使其汽车车队一直有合适的车辆在运行。

11.4.1　产品需求管理

1. 产品要求定义

此活动完全由客户完成。他负责定义他的必需品并将其传递给IFM。

该过程的输出将是"操作任务"。该信息包括客户端要执行的任务类型、日期、持续时间等。简而言之，与完成任务相关的所有信息。

2. 产品分配确认

一旦客户定义了他的要求，IFM将会制定一个包含最符合他们的产品或产品的"作业建议"。客户随后会回复这个提案，说明他是否同意，作为"作出反馈"的输出。这可以导致客户和IFM之间的谈判过程，直到达成协议。

11.4.2　产品用途

产品使用过程意味着执行由客户端定义的任务。几种情况可能发生在这里。

如果由于产品问题，任务被取消/修改，则有可能进行产品替换（"产品重新评估"）。但是，客户端可以通过任何其他原因取消任务。在这种情况下，合同中可能会有一个条款涉及这种类型的事件，从而对客户造成"罚款"。

执行任务时，IFM将收到关于产品性能的信息。该信息可以在归还产品时或结束时收集。有关于任何使用和健康监测系统信息在第9章中描述。

此外，客户可以对产品进行评估，以更新合同条款。

11.4.3 运营管理

1. 运营规划与作业

这个过程的重点在于规划编队开展的不同业务并对其进行优化。它可以分为两个活动。

考虑到所有客户的运营和服务级别协议（SLA、IFM必须履行的服务要求，通常与可用性相关），"运营计划"侧重于优化产品集团将执行的运营计划。

"运行分配与调度"包括与产品编制相关的所有必要活动，以便有效地开展业务任务。例如，在汽车租赁公司的情况下，如果合同协议具体包含了，它将包括加满油箱的油。

2. 运行监控

"产品使用"过程的输出直接进入IFM执行的"运行监控"过程。情况可以分为以下两种：

（1）任务被取消或修改。

（2）任务执行。

在执行任务的情况下，将对产品到达状态及其性能进行评估。

如果产品遭受任何损坏，其维修成本将予以估计，如果由客户引起的，则转交给客户。任何其他方式，其性能将被评估以评估可能的改进或替代。

在任务修改或取消的情况下，应更新状态或产品，并在必要时将新产品分配给修改后的任务。根据合同条款，可能会受到罚款。

11.4.4 产品管理

1. 产品需求分析

此过程分析客户的要求，以找到最适合他们的产品。它可以根据可用性和要求合规性等条件提供决策支持。为了做到这一点，将在合同要求中考虑与客户建立的服务水平协议。

可能发生没有符合客户要求的产品，因此可能需要进行一些修改。这些修改具有相关的成本。此外，与此相关的是，如果客户为每个操作任务确定了一个给定的预算，那么可以进行负担能力分析。

在可用性方面，此过程将操作和产品准备计划集成以创建"编队可用性计划"。

作为"决策支持"的结果，每个任务的所有产品候选人的列表将在"作业提案"中提供给客户。除此之外，还可以提出引用。

如果需要"任务重新分派"，则该过程也执行分析。

2. 产品设置和监控

这个过程集中于"产品准备"，也就是说，它的目标是确保产品在给定的时间完全实现它的功能性。

它还包括对现有车队的评估和分析，以决定是否获得新产品来改进。

它与"产品维护"过程进行通信，以获得最新的维护相关信息，如升级和维护计划，适航性限制和时间限制。

负责维护"产品准备计划"，并传达"产品限制"（例如，如果产品的实际技术状态为产品提供某些功能，但最近的损坏导致其不能起作用）"能力分析"处理。

11.4.5　合同程序

这些过程的存在是为了支持任务执行之前达成的所有协议。它们涉及客户和IFM；首先达到SLA，然后根据先前定义的度量来评估产品性能。他们还支持任务取消/修改和损坏产品。

11.4.6　产品维护

本标准的其他章节对该过程进行了描述，所以此处不再详细说明。

11.5　用例

11.5.1　用例1：作业提案详细说明

IFM应能够接收、整合和管理运营商任务要求，无论准时的或定期的。运营商应提供有关计划任务的所有可用和必需的信息，以便IFM可以编制其最符合运营商需求的任务。

一旦IFM具有所需的所有信息，就进行分析过程。此分析涉及检查产品可用性，是否与计划任务期间相符。其他方面要考虑的是产品的能力和技术状态。能够按照要求执行任务。例如，如果一个渔夫想去海钓，小船/船必须是要配置的，还包括其他东西，如渔网等。

如果与运营商签署了以前的合同/SLA，则分析必须将此因素包括在流程中，因为这可能意味着经济效益和服务水平的制约性。

如果需要，可以将预算因子添加到分析方程式中。

一旦找到了合适的产品，IFM将准备一份草案"产品—任务"分配给它给经营者。

1. 作业提案反馈通过

如果经营者同意分配建议，则产品可用性必须更新为"不可用"。

2. 作业提案反馈不通过

在这种情况下，程序将与11.5.1节中相同。将再次进行分析，以阐述另一个任务提案。如果结果不令人满意，可以结束该过程，经营者和IFM将无法达成协议。经营者应包括拒绝提案的理由。

11.5.2 用例2：任务取消

一旦分配了产品，经营者仍然可以取消任务。根据合同，这可能会产生后果。由于产品问题，任务也可以取消；在这种情况下，可以分配新产品，或者如果不可能，则根据合同可能会对IFM进行处罚。

11.5.3 用例3：任务修改

客户端可以决定修改任务的原因很多。例如，如果必须延迟，如果产品最终不适合任务，如果由于成本或可用性原因需要重新计划。这些情况下，如同任务取消一样，修改任务可能意味着某种惩罚。

11.5.4 用例4：编队可用性计划详细说明

这是使用IFM的主要优点。处理综合编队计划将允许知道产品何时可用，甚至可以知道产品的预测使用情况。为了准备这个计划，编队经理需要整理产品使其进行的不同活动（操作和维护），并始终具有最新的状态和能力：

（1）业务计划。

（2）维护计划。

（3）当前状态（包括剩余生命、技术状态、能力）。

11.5.5 用例5：任务评估

执行任务后，根据以前与客户/运营商建立的合同，有必要对其进行评估，以推断其是否成功。

任务评估这项活动，还可以改进任务分配过程和提高航线计算过程。

11.5.6 用例6：产品准备

在执行任务之前，产品必须准备好，以确保成功执行。这包括有关维护检查以查找产品上的任何问题。

有时，产品不具备任务所需的特定技术状态，因此必须进行更改。这是产品准备的其中一部分，以及其运行的一部分。

11.5.7 用例7：产品恢复

任务完成后，需要检查产品。目的是找出故障。在故障排除过程中使用从车载系统和经营者、维护人员收到的所有反馈信息。

11.6 综合车队管理指标

综合车队管理中使用的主要指标与以下主题有关：

（1）预测产品可用性。

（2）实际产品可用性。

（3）规范会议要求。

（4）产品性能。

S5000F必须提供计算这些指标所需的信息，但不包括计算本身。

11.7 示例：旅游休闲巴士服务

该示例表明，综合编队管理可用于任何类型的车辆或产品。它将说明客户可以拥有的不同要求以及运营商和/或所有者必须满足的各种产品。

在这种情况下确定的主要参与者有以下几种：

（1）经营者。经营者可以驾驶和操作产品。

（2）业主。由银行拥有并租用给经营者的巴士。

（3）OEM。维修由OEM提供。

（4）调节器。我们只考虑与产品有关的规定，而不是客户。

（5）客户。我们确定了四种不同类型的客户端（包括贵宾旅行社、观光旅游公司、郊区旅游公司、城际旅行社）。

这些角色之间的关系如图11-4所示。

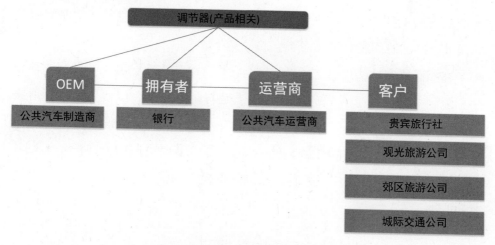

图11-4 不同参与者之间的关系

银行拥有的车辆有四种不同的类型（全部由OEM维护）：

（1）观光巴士。

（2）郊区运输公共汽车。

（3）城际交通的巴士。

（4）贵宾巴士。

来自这些产品和客户端的一些用例如下：

（1）观光旅游。旅游指南（由客户提供的指南）。客户可以随时上下车，不需要预订，但需要预先交钱。

（2）预定郊区交通。非常实用，可以容纳残疾人士。客户可以随时上下车并在现场交钱。

（3）预定的城际交通。客户可以预订和提前支付预付款。公共汽车有电视、卫生间、空调和放行李空间等。

（4）贵宾随机游产品/休闲游产品/商务游产品等。规格根据客户需求而定，完全可定制。必须提前支付预付款。

将IFM应用于郊区运输用例，一方面需要有关郊区客车的信息，如有多少辆车是可用的，有多少辆车需要维修，燃料状态，客车类型（品牌、自动或手动等）找到可以驾驶特定公共汽车的司机等；另一方面，我们将同时收到客户的要求。在这种情况下，它可以根据这些信息完美地制定公交车及其路线的时间表。

在拥有所有这些信息之后，IFM能够将一个或多个公共汽车及其驱动程序分配到一条路线上。任务监控的例子是与司机联系，以便更新有关道路上的任何工程或事故，以便能够作出反应，并以某种方式改变按时完成任务的路线。另外，我们可以知道给定路线是否需要更多的公共汽车（更多的人、公共汽车故障）。服务后，可以分析检索的信息，以便对服务进行修改和改进。

11.8　综合编队管理所需的数据

本节旨在列举管理一个或多个类型产品的整个编队所需的信息，无论是输入还是输出。表11-1列出了车队管理/舰队管理输入和输出接收人的来源。

表11-1　车队管理/舰队管理输入和输出接收人的来源

流程	子流程	I/O	信息交换
产品要求管理	产品要求定义	I	需求确认
		O	新需求
			提出业务任务
	产品分配确认	I	作业提议
		O	分配反馈

（续）

流程	子流程	I/O	信息交换
产品用途	产品用途	I	出发状态
		O	任务取消/修改
			产品监控
			产品性能
			产品评估
运行管理	作业规划与作业	I	分配反馈
			任务执行所需的动作
			产品重新评估
		O	出发状态
			产品可用性更新
			产品技术状态更新
			经营计划
			任务重新分配
	操作监控	I	任务取消/修改
			产品性能
			产品监控
		O	产品重新评估
			产品运行状态
			产品性能
			报告处罚
产品管理	产品需求分析	I	提出业务任务
			产品技术状态更新
			任务重新分配
			经营计划
			产品准备计划
			产品限制
			修改成本
			产品采购计划和成本
			优先事项和承诺
		O	作业方案
			需要修改
			产品采购
			任务执行所需的动作

（续）

流程	子流程	I/O	信息交换
产品管理	产品设置和监控	I	产品运行状态
			参考数据
			产品可用性
			维护计划
			认证限制
			产品基本信息
		O	产品损坏和使用
			产品限制
			产品准备计划
供应支持	供应支持	I	产品收购
		O	产品采购计划
产品维护	产品维护	I	造成产品损坏和使用
			需要修改
			维护计划
		O	认证限制
			修改成本
			损坏成本
产品设计	产品设计	O	产品基本信息
			参考数据
合同定义和监控	合同定义和更新	I	新需求
			服务级别协议
			服务级别协议
	合约监控	O	要求达成一致
			产品评估
		I	产品损害成本和罚款
		O	产品表现不佳
产品绩效不合格管理与分析	合同定义使用	I	服务级别协议
			服务级别协议
		O	优先事项和承诺
			罚款
	合同分析	I	产品表现不佳
			损坏成本
		O	产品性能
			产品损害成本和罚款

第12章　技术状态管理所需的数据反馈

12.1　引言

给定产品的服务技术状态是影响产品运行的最重要因素之一，不仅出于操作原因，而且还要确保产品安全并遵守影响该特定产品的规定（如适航条例）。

本章比本书中其他章节更加详细，因为在ILS规范的S系列规范中没有别的地方解释服务技术状态的特殊性。这种解释的需要也意味着一种有些不同的结构。

12.2　范围

本章提供了有关如何提供不同产品技术状态方面的必要信息，必要信息是技术状态控制所需的，要提供给客户的初始技术状态信息，包括其更新，以及出于物流、技术和法律的目的（如确保持续适航性），必须向原始设备制造商（OEM）或其他设计权威提供的信息。

12.3　服务技术状态的特点

这种服务技术状态有与设计阶段相反的特点（图12-1）。我们不是在谈论通常的抽象概念或实用性的项目，而是关于个性化的物理技术状态。在设计阶段，产品具有通用技术状态，并且零件被认为是通用的（如借助于零件编号）；在服务中每一个产品是独特的，并且个别的零件可能需要其单独的身份证明（如一个序列号）。由于有限的寿命，或甚至由于法律的原因，为了能够分别控制这些零件，需要控制其各自的可靠性、高成本和所

127

有权控制。鉴于由于维护任务导致的各个零件经常发生变化，因此在线技术状态需要灵活并且实时维护。

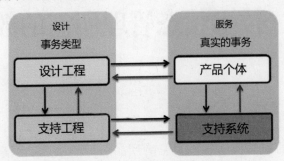

图12-1 设计与服务之间的差异

虽然物理技术状态控制也可能在制造阶段中执行，但是当时所考虑的元素通常与其在服务过程中所考虑的不同。在制造期间，用于技术状态的"构件块"是"组件"，意思是作为最终组装的单个整体被操纵的一组物理元件，如机翼、发动机、底盘或设备架。非常特别的是，这种组件被用于平时的维护任务，这些维护任务通常围绕与各个系统相关的组件构成。即使这些构成组件中的每一个确实对应一个维护项目（如发动机），通常这个维护项目在较低一级的元件（如阀、传感器、管等）中被进一步分解，其中可能需要其单独的维护操作，并且在组装过程中基本上被忽略，因为它们已经完成组装。

因此，在线技术状态的目的是确保：

（1）足够的信息可以使操作者在操作阶段以适当的方式管理、控制、运行和维护产品，并符合潜在的法律要求。

（2）足够的信息可以使制造商能够知道产品的服务性能是否符合预期，还是需要在制造后进行改动。这将成为提出改进的基础，以便提高产品的潜能、有效性和可维护性，甚至降低运行和维护成本。

牢记这两个目标，这需要操作者和制造商用一个共同的语言。同样，由于制成品是服务的开始，且操作技术状态需要被制造商映射回到设计，以确保其支持能力和持续的改进。这需要确保设计、制造和运行阶段之间，或至少在操作者和制造商之间的可追溯性。

鉴于产品OEM和运营商之间的边界是确保相关基础设施的ILS规则，服务技术状态项目的识别需要与S3000L中建立的技术状态项目进行链接，以实现服务数据交换的共同链接。

12.4　技术状态原则

技术状态管理是一个学科：

（1）识别和记录产品的物理和功能特征。由于产品高昂的成本、复杂性、操作性质、安全性原因、可维护性原因（寿命限制、定期检查等）和/或任何其他原因，可能需要特定的控制和足够的后勤支持。

（2）它控制了各个要素的变化，以确定其影响并控制其实施。

（3）它可以优化信息流、有助于纠正错误、使其能够获取其中包含的所有信息、确保可追溯性，并使用户随时了解当前的产品技术状态。

（4）它被用于合同的验证，即验证客户所得到的他所订购的产品。

虽然引用了产品，但是根据系统技术状态管理的基本目的，当我们谈论技术状态控制时，会根据一个模型来做，以避免信息过多。

也就是说，技术状态识别对于制造商构建并呈现为模型的一组项目来说是最常见的。虽然可能存在这种模型的不同版本，但它们将具有足够的共同元素，以便建立单个技术状态，并且该技术状态将通过技术状态项的适用性或有效性来反映特定性。

12.4.1　技术状态树

技术状态树是产品技术状态的表示。它由模块组成并且分层构造，每个模块代表一个技术状态元素。

技术状态树层次通常有两个级别，一个不超过三个级别的功能级别描述了系统、子系统和子子系统技术状态，以及对应于设备和组件的物理级别。设备（如发动机）实际上可能没有功能级别，并且层次结构反映了其实际的物理故障。功能项可能存在于此技术状态树中，如指示一个硬件软件组合。

技术状态项反映产品内的功能。这可能或不可能对应于单个物理项目。对于执行功能的物理项目，可能发生相同的单个项目执行多个功能。在这种情况下，技术状态系统必须了解同一个零件可能会为多个系统执行功能。

创建技术状态树的经典方法是使用前两个级别的技术状态项，如S1000D《基于公共源数据库的技术出版物》中所示，由于其余级别使用制造商提供的信息（例如S3000L《保障性分析》），如果不可用，任何其他信息可以帮助进行合理细分。为了本规范，我们假设此类故障是按照S3000L《保障性分析》发生的。

功能/物理级别的第一个技术状态项目将是可以由一个能够被物理识别的零件执行的项目指定的功能，并且可以直接从产品中拆卸。这种物品通常称为现场可更换件（LRI）或现场可更换单元（LRU）。

为了简单起见，产品的技术状态树将仅涵盖那些可以直接拆卸为最终元件的零件（这可以被视为产品本身）。可能会发生某些零件可能需要进行技术状态控制，但是如果拆卸需要事先拆卸其所属的物品，则这些零件将构成其所属子产品的物理树的一部分。这意味着如果一个子产品被拆卸，它需要自己的内部技术状态树（图12-2）。

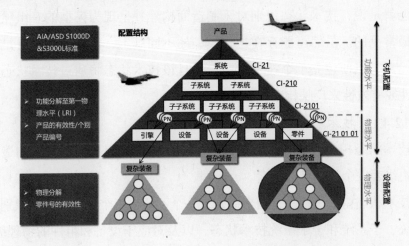

ICN-B6865-5000F12002-001-01

图12-2 抽象的技术状态树分层

每个技术状态项目将具有自己的标识符，具有基于S1000D《基于公共源数据库的技术出版物》（前两个技术状态级别）和S3000L《保障性分析》的分层元素标识符（BEI）的结构和编码。

注意：技术状态树不仅区分不同的元素，而且区分它们的位置。

因此，识别产品中任何项目的项目代码除了识别其功能之外，还需要在其编码中包括它所在的树中的层次结构级别、项目位置。

鉴于技术状态树基于特定的模型，有必要记住在所有级别和位置的例外。也就是说，有必要对仅适用于同一型号的某些产品的零件或项目进行区分。这个概念称为有效性。所有技术状态项必须指定适用的产品。在物理功能层面，必须将有效性分配给概念位置部分，因为对于每个单独的产品，该零件在不同的位置可能是不同的。

物理技术状态识别特定零件的细目。与设计或制造中的分层相反，服务的结构分层只需要包含操作或维护零件的必要信息。必须要有最低限度的建议分层，包括至少需要特定寿命控制的LRI或LRU零件，需要定期检查或使用寿命限制。组件的其余部分通常在制造商和客户之间达成一致，具体取决于将在产品上执行的维护类型。可靠性受监测的项目也应包括在此细目中。

物理技术状态表示为父子关系的结构，在这个级别，项目不能与特定功能相关联。

12.4.2　技术状态项目识别

技术状态项目识别是执行最终功能且需要进行技术状态控制的由一个或一组元素、硬件、软件或者两者的组合，或它们的任何离散的部分所组合的识别码。它是构成技术状态树的模块之一。

有很多方法来生成这个识别码；其中大多数将取决于项目要求，但是ASD规范不做具体的规范。ASD规范允许使用任何类型的标识符，无论是否涉及项目。

以前用于反映前3个概念（级别、层次和依赖关系）的一种方法是使用最多为8个字符的数字标识符，以这样的方式识别代码：

（1）2个位置：1个系统。

（2）3个位置：1个子系统。

（3）4个位置：1个子子系统。

（4）6个位置：1个设备。

（5）8个位置：1个组件。

在这个例子中，中级的元素之间的关系是从自己的项目结构和编码获得的，假设一个项目的中上标识符是一个与中上级的识别字符匹配的标识符，即这个标识符是在删除项目特定字符时获得的。较低（子）项目将是那些在其根中包含有关项目的标识符的项目，且附加数字标识其层次结构中的级别。

如果使用产品功能和物理分解结构，不建议使用8位代码（组件）。如12.4.1节所述，物理结构表示一个子产品的零件分层，并且意味着第一个设备级别分层的多余，因为它将在两个结构中表示。

应在该级别识别与项目功能相关的任何特征。

在某些情况下，零件安装在不属于主要零件（子产品）功能的其他零件上。例如，发动机的温度控制器，即i.a.w. S3000L的一个例子属于第78章，安装在推进系统中，这被认为属于第38章。在这种情况下，我们应该在创建结构时将控制器编写为第72章的一部分。这将允许在维护期间使用它，同时可以将其作为发动机本身进行拆卸，但是需要创建项目引用系统，以免丢失其原始编码，因为还有其他功能或支持元素（如文档）使用其他引用（图12-3）。

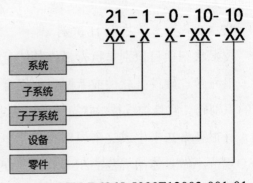

ICN-B6865-5000F12003-001-01

图12-3　示例技术状态项编纂

此技术状态项标识通常作为保障性分析（LSA）工作的一部分生成，在这种情况下，应该参考S3000L中使用的技术状态标识规则。然而，如果不对特定的程序执行LSA，则需要由OEM执行这种识别，以便能够将数据反馈映射到其自己的设计。请注意，S3000L不要求特定的标识符格式。

在任何情况下，独立于编码机制或方法，交换数据的所有方共享相同的标识是至关重要的。

12.4.3　技术状态项目位置

除了表示一个功能之外，技术状态项还必须在功能/物理情况下清楚地指示出产品（地面车辆、船舶、飞机等）中执行该功能的零件占用的插槽（位置）。

如果由几个部分执行相同的功能，则通用产品中的技术状态项可能会多次存在。例如，平视显示器（HUD）可以在同一车辆中存在两次，对飞行员和副飞行员执行相同的功能。在这种情况下，需要明确地识别在特定技术状态槽（例如、左/左、前/后、顶/底等）中特别提到了哪个项目。

因此，为了考虑这些通过执行相同功能而多次安装的项目，我们可以通过添加识别不同可能位置的代码来完全识别插槽。

最常用的代码是：

（1）几何代码。例如，左或右，或上下等。这种方法是默认的，只要对称性始终来自清晰识别的点。

（2）颜色编码。当几何代码不能明确地标识一个项目。例如，螺旋桨叶片的识别，它们在给定时刻的确切位置是未知的，因为它将取决于发动机停止的位置。

由技术状态项和位置代码标识的产品中的每个间隙，将具有可执行相应功能项目的不同标识。这些标识通常是零件编号和制造商代码。如果适用，填补该差距的个别项目也将由序列号标识（图12-4）。

如果由OEM i.a.w S3000L 提供，使用这种结构的优点在于它将允许对项目的明确识别，包括其在产品上的位置。这不仅对于可靠性研究非常重要（同一个子产品，当安装在不同的位置时，可能会有很大差异），而且还有助于OEM提供更

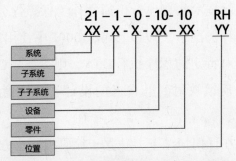

ICN-B6865-5000F12004-001-01
图12-4　样品技术状态项目位置

多的支持，并使他更加注重产品的改进，因为他将直接追溯到原始设计。

请注意，这里没有提供的代码是强制性的；任何其他明确识别项目及其位置的协议编码完全可用于数据反馈。唯一的要求是提供反馈的实体和接收它的人所使用的是这些相同的代码。

12.4.4　有效性管理

有效性的概念是指技术状态项或分配给产品中技术状态项的部分的适用性的限制；也就是说，它不适用于同一型号的所有产品。

当功能类型技术状态项或与功能/物理项关联的部分不适用于所有产品时，将通过指示其适用的产品的标识符来记录有效性，如下所示：

（1）如果适用于一个或几个型号，但不是全部，它将标识适用的型号。

（2）如果在一个模型内，技术状态项或零件不适用于该型号的所有单独产品，除模型外，它还将包括其适用的各个产品标识符的范围（具有初始和最终标识符），允许使用多个范围。

例如，项目的有效性（A7，30-40）可能意味着它只能安装在A型的序列号7和序列号30～40的所有型号的特定产品上。

对于功能级别的技术状态项，有效性直接与技术状态项关联。对于功能/物理技术状态项目，有效性与分配给技术状态项目的零件的标识相关联，因此技术状态项目的有效性将是其分配的零件的有效性的总和。

示例：技术状态项目C具有两个项目C1和C2，其中C1具有有效性

（10～50），C2具有有效性（7，15，30～60）。因此，C的有效性将是（15，30～50）。

要考虑的有效性的另一个重要方面是当它受到对项目技术状态执行的修改的影响时。在这种情况下，有必要根据修改是否具体化来考虑适用性。当修改已经体现在其适用的所有项目上时，将执行技术状态结构的最终更新。

这种有效性的处理还允许在模型的通用技术状态中记录任何特性，并且因此从任何级别获得技术状态树，从针对整个模型的最通用的技术状态树到对于特定参考标识符的最特别的技术状态树。

12.5 技术状态信息反馈

图12-5显示了在不同的在役角色之间流动的技术状态信息。这些角色如下：

（1）OEM。这个角色负责（有时甚至合法地）产品的允许技术状态。

（2）客户/运营商。这个角色负责产品的运行，因此也负责运营。

（3）MRO。这个角色反映了客户/经营者将他的产品转移到第三方的情况，要么进行修改或进行一些主要的维护。

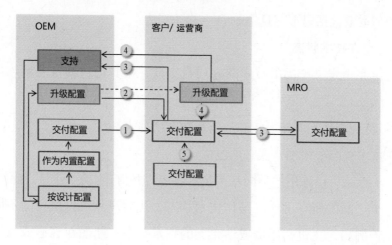

ICN-B6865-5000F12005-001-01

图12-5 技术状态信息流

已经确定了OEM内部的技术状态流程，但不构成本规范的一部分，图12-5所显示的只是为了完整性。形成本规范一部分的流程在图中已编号，并在下面的段落中讨论。

这里有基本的5个技术状态信息流，在本章的后续章节中有介绍：

（1）交付技术状态（参见12.5.1节）；

（2）升级技术状态（参见12.5.2节）；

（3）操作技术状态（参见12.5.3节）；

（4）客户修改信息（参见12.6.3节）；

（5）根据需要技术状态（参见12.5.4节）。

12.5.1　交付技术状态

交付技术状态（如图12-6中标记）是终端产品在交给客户时刻的技术状态。交货技术状态必须足以使操作员没有任何进一步问题来管理他的产品。详细程度应与客户达成一致，因为过多的信息可能与缺乏信息一样效率低下。提供的信息的最低级别必须至少涵盖维护计划中引用的项目。

然而，独立于细节层面，提供给客户的信息类型总是相同的。交付技术状态基本上包括以下信息集。

1. 允许技术状态

它由完全定义产品的技术状态项目组成，由其项目细目表示。这必须包括：

1）符合产品不同技术状态的技术状态项列表

在技术状态项级别，它必须包括：

（1）产品可以采用的不同基本技术状态，并为其提供不同的容量。

（2）产品的所有可能的操作技术状态，代表产品可以执行的不同作用或任务（例如，飞机在运输或油轮上的技术状态，船舶在客运或救伤直升机上的作用）。

2）在技术状态项目级别定义的所有可互换零件

（1）已定义的所有肯定（必要性）或否定（不相容性）的兼容性规则。

（2）任何其他数据，可能表示技术状态项目级别的多适用或多安装零件之间的差异，如寿命校正因素。

允许技术状态是设计允许的基本产品技术状态。它根据应用于产品的维护计划以及操作人员想要执行的维护水平，将其交付给客户，达到商定的细节程度。这里确定的所有项目将在整个产品寿命周期内进行特定的监测处理。允许的技术状态包括所有允许的操作技术状态。

允许技术状态不仅代表产品分解结构，在这种结构中，项目将具有足够的信息来定义使用限制、授权、操作、维护或物流所需的所有数据。

允许技术状态是适用于同一型号的所有产品的通用技术状态，如12.4节所述，它将包含功能和物理部分。

在创建中需要牢记的是，在结构的物理层面上，所有部分都必须被确定为"序列化控制"。这将是构建实际技术状态的模板，并且在整个产品寿命中的任何事件将被跟踪。它意味着执行所有注释将在后面的操作技术状态流程中考虑（参见12.5.3节）。

我们将使用项目必要性类型，以便在结构中识别构成基本技术状态结构的一部分并且是执行其主要功能所必需的那些项目，而不是操作技术状态所需的项目（用于特定工作或任务）。为了操作的目的，我们将使用任务或操作类型。此分类将用于操作技术状态（参见12.5.3节）。

因此，在项目技术状态级别，有必要提供：

（1）标识符。

（2）必要性类型，在任务或操作模式的情况下，它将包括任务或操作类型。

（3）数量：如果大于1，则必须指定位置。

重要性表示技术状态项目的失败或故障影响其所属产品的运行能力的程度。可以确定6个基本情况（图12-6）：

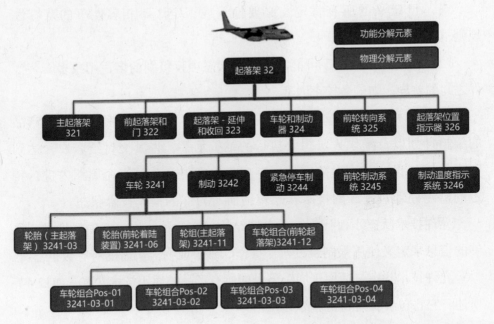

ICN-B6865-5000F12006-001-01

图12-6 技术状态树示例

（1）不影响产品性能（可以执行实际技术状态的所有任务或工作）。

（2）不影响产品的性能，但会影响安全。

（3）不影响产品性能，但会影响操作的特定要求（法律、环境等）。

（4）部分影响产品性能（产品无法执行至少一个其技术状态的任务或工作）。

（5）需要执行物理动作（项目修复除外）以恢复产品性能。

（6）根本没有产品性能（产品无法执行任何实际技术状态的任务或工作）。

重要性信息由OEM提供，并提供必要的规则，以便最终用户能够明确地识别产品的操作性能。

一旦形成通用技术状态树的技术状态项集合被识别，就需要将功能/物理类型的技术状态项与执行技术状态项的功能的部分相关联。

实际上，零件与间隙相关联，意味着技术状态项加上位置代码。适用于间隙的每个部分通常由零件号和制造商代码一起标识，以便能够唯一地标识不同零件，并且不会出现错误。有时制造商代码是隐含的。

制造商指定能够执行功能的所有项目都将被识别，独立于可互换性、有效性等，将被单独记录。

有效性的概念是指技术状态项或分配给技术状态项的部分的适用性限制，也就是说，它不适用于产品的所有项目。

当功能技术状态项目或与项目的功能/物理类型相关联的零件不适用于所有产品时，将记录其适用的数量或范围。参见第12.4.4节。

功能技术状态项目的有效性与技术状态项目直接相关，而在功能/物理技术状态项目的情况下，有效性与分配给技术状态项目的零件的标识相关联。在后一种情况下，技术状态项目的有效性是分配给它的零件的有效性的总和。

在有效性中要考虑的另一个重要方面是，当产品技术状态修改时，要根据修改是否被体现来考虑适用性。当技术状态已被体现在可适用的项目上时，还需要执行技术状态结构的最终更新。

这种有效性的处理还允许在通用产品技术状态中记录任何特性，并且因此获得任何级别的技术状态树，从特定项目的最通用的技术状态树到最特定的技术状态树。

2. 基线技术状态

基线技术状态是所有可能的操作技术状态需要引用的基本的允许技术状态，以便能够从一种技术状态更改为另一种技术状态。除了通过服务公告（参见12.5.3节）外，无法更改此基线技术状态。

3. 操作技术状态

需要将操作技术状态与特定于每个技术状态项目的操作技术状态分开记录。

记录的信息将允许确定必须出现在产品中的技术状态项目，以便处于特定的操作技术状态并能够执行相应的产品任务或工作。

没有与其相关联的操作技术状态的技术状态项（CI）被理解为对所有技术状态项有效，并且相关联的基本等级将决定必要性等级。

然而，重要的是要意识到，即使技术状态项对于特定的操作技术状态是有效的，也存在与在特定操作技术状态中不允许使用该技术状态项的其他项的关系。

这里基本上有两种技术状态关系：

（1）互换性。可互换的是那些没有与他们要替换的项目有相同身份的物理项目，这些项目已被制造商认可，以符合所需的功能规格。

互换性将被记录为适用于相同间距的所有零件之间的关系。

可互换性不是CI的具体信息，而是两个或更多被安装在被其CI确定的同一个间隙中的多个零件之间的关系，包括其必要时的位置。

可互换性代码表示占用相同间隙的成对零件之间具有可互换性关系的类型。

如果没有指示可互换性代码，则假设所有零件都是完全可互换的，因为它们与相同的间隙相关联。

这些代码如下：

— 不可互换或可互换性未研究。

— 完全可互换，但第一个是首选（可能是因为第二个已经过时）。

— 可互换性关系仅在一个方向上，在这种方式下，出现在关系的第一位置的零件可以被第二个替换，而不是相反的。

— 当两个项目之间的可互换性是完全的，但是这些项目不完全相同。

— 如果互换性是合格的，那就是有条件，必须指定互换条件。

— 完全互换。

（2）兼容性。兼容性反映了两个技术状态项之间特定接口的关系。

兼容性关系将记录在一些情况下，其中一个零件的安装是由一个或其他更多个需要的条件所限制的，或者不可能将它们放在一起。因此，除了受兼容性影响的元素之外，代码将被关联，这指示兼容性关系是否意味着项目需要一起进行，或者相反，这些项目可能不会同时安装在同一个产品上。兼容性关系不被理解为属于同一技术状态分支的项目的现有关系。

兼容性可以记录在三个层次上：

（1）在技术状态项目之间，这将指示技术状态项目级别的兼容性关系，并且将包括与技术状态项目的所有间隙以及其下的技术状态项相关联的所有零件（如果有）。

（2）如果间隙之间存在兼容性关系，其兼容性关系则被表示，这涵盖了适用于它们的所有零件。

（3）零件之间的兼容性将被记录在零件号之间——制造商与不同间隙相关。

兼容性可能是正面，需要安装额外的技术状态项以实现可互换性；负面（也称不兼容），禁止使用某些其他技术状态项目安装技术状态项。

正面兼容性示例：

"如果安装C，则A2可以代替A1"（例如，因为C是A2的特殊控制器，所以需要它）。

负面兼容性（不兼容性）示例：

"如果B1没有安装，A2可能会替换A1"（例如，因为B1会导致A2工作不正确）。

复杂条件规则可以分解为初级聚合正负条件互换规则：

"如果B1没有安装，并且安装了C，A2可以替代A1"，这种情况可以分解为上述两个例子。

请注意，正向兼容性是单向的，意思是事实上一个技术状态项需要第二个技术状态项并不意味着后者需要前者（在第一个示例中，C可能不一定需要A2）。

另外，不兼容性（负相容性）始终是双向的（在第二个例子中，B1和A2不应同时安装，独立于先安装的那一个）。

术语兼容性有时也称为"混合性"，以突出显示不同的项目如何被混合。

4. 实际技术状态

实际技术状态是在特定的产成品上安装了相应序列号的项目列表，并根据所定义的允许的技术状态结构与相应的插槽相关联。实际技术状态将补充描述每个序列化项目的其他信息，其中在交付时需包括：

（1）生活消耗或大修的可能性（基于工业测试原因）。

（2）上下限（如果有的话）以及对零件的使用或返工的限制（如果已经确定）。

这些都是由于制造的产品不符合商定的规格（中止或有误差）。

实际技术状态由在特定时刻应用于特定项目的允许技术状态组成，指示序列号占用的每个位置。

除了这种特殊的表示之外，每个序列化的项目号都将有一组相关的信息来定义。这被称为项目日志。

在交货时或刚刚制造完成之后，只会有以下信息：

（1）消耗的寿命，其是否可控，基于交付前执行的任何功能测试。

（2）上下限，如果制造过程已经偏离了原始设计，或者在项目上有待处理的工作，以完成其完整制造过程。

（3）这些上下限应该规定了使用该项目的限制，那么这些上下限必须被具体说明，以及它们的到期日期或它们消失的条件。

5. 工业改造

在产品制造过程中引入的修改列表。这些将至少包括客户要求并在产品交付（定制）之前引入的修改。这些通常将作为服务公告在交付后处理，但不遵循通常的交付后流程，因为它们在产品交付之前体现。

定义与容量和模型相关的最终产品的修改列表。此列表将仅供参考。

6. 上下限

交付产品的偏差或突出的工作必然伴随着行为和有限的执行期限。

这些是制造过程中的偏差，相对于原始设计或未完成的工作，以完成其制造过程。

如果这种上下限意味着该项目的使用受到限制，则有必要具体说明这些，以及它们的有效期限或条件，这意味着这种上下限的结束。

7. 松散的物品

附加子产品的交付技术状态或可以安装到最终产品但在交付时不能安装的项目（如救伤直升机套件）。

交付技术状态对客户非常重要，因为：

（1）它提供了在产品上安装的所有内容的合同列表。

（2）它提供了对设计允许的潜在中止和偏差的合同列表。

（3）这是操作技术状态的起点。

松散物品的技术状态涵盖了所有元件的配送技术状态，尽管它们可能潜在地安装在产品上并构成了基本产品技术状态的一部分，但不能实际安装在具有实际交付给客户的技术状态的产品上。

松散物品通常是与产品同时交付但不能安装在其上的任务或特殊任务设备，因为客户要求交付的任务技术状态阻止了这一点。然而，客户完全可能在产品验收期间或在接受产品后不久改变其特殊任务，因此需要与产品本身同时交付相关的技术状态信息。

例如，军用运输可能用于伞兵发射和医疗救援任务。如果在安装了伞兵座椅的情况下进行交付，则由于两个角色的不兼容，医疗设备（担架等）必须作为松散物品被交付。不过请注意，下一架飞机可能会角色转换，并将跳伞员座椅作为松散物品。

12.5.2 升级技术状态

升级技术状态是由OEM提供的允许技术状态的演变，主要是为了引入产品改进。

它将由与第12.5.1节所述相同的信息组成并且提出修改。

1. 允许技术状态的演变

一旦建立了基线技术状态，就可能会出现对记录的修改，以纠正异常情况，包括新的技术状态项目或实现对实际技术状态执行的更改，如新的可互换性关系，影响技术状态结构的修改问题等。

因此，实际技术状态的识别将是最初批准的技术状态，以及在产品使用寿命期间引入到技术状态结构中的所有更改。

如上所述，技术状态识别的变化可能是由于OEM的问题修改；或法律要求或产品改进（例如，适航指令或航空航天产品的服务公告）；对现有技术状态进行更正或改进。

除了考虑变更之外，系统必须随时控制信息流，从生成变更需求到被拒绝或被批准和被实施为止。

鉴于技术状态结构是其他的核心信息，重要的是，研究和结合结构中的任何变化都是以这种方式进行的，以确保信息的完整性。

在由于实施例的要求引起的变化中，可以区分以下情况，如图12-7所示。

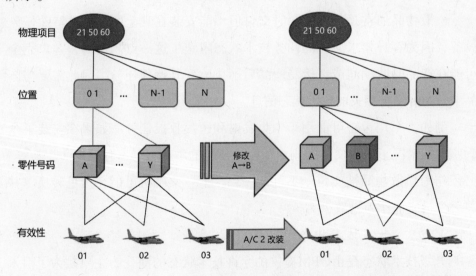

ICN-B6865-5000F12007-001-01

图12-7 技术状态变化

修改体现的状态取决于特定部分是否适用的情况。在这些情况下，将会创建一个临时结构，这种临时结构将会在修改不在所有受影响的产品中体现时有效。这种临时结构将具有以下形式：

1）传出部分

与可适用的差距中的零件识别相关联，需要记录有效性、修改的识别，并且在"修改之前/之后"需要指示对应于"之前"的代码。这表示如果要安装的单个产品具有尚未体现的修改，则该零件是适用的。

2）传入部分

零件识别根据相关的有效性进入相应的间隙，修改的识别和"修改之前/之后"必须指示对应于"之后"的代码。这表示如果要安装的单个产品的修改已经体现，则该零件是适用的。

由不改变技术状态结构本身的修改引起的更改，例如可互换性、兼容性、有效性等关系的更改。

前者将在发布修改时引起技术状态识别改变，即临时结构产生时，和当修改被完全体现并且临时结构变得明确时将会发生变化。第二种类型的更改通常只会在创建时影响结构。

修改的体现必须由操作员报告，根据需要更新制造商在修改启动时报告的临时结构。

2. 修改

有必要对修改进行全面跟踪，以便确定每个产品已被实现修改或等待处理。

除了识别之外，每个修改必须指定是否是：

（1）这是一个非经常性修改。

（2）经常修改。在这种情况下，需要记录实施间隔的类型和指示符（例如，每50个操作小时）以及将关闭修改的动作。

另外，有必要明确规定受修改影响的材料的过时或取消，以及执行修改所需的受影响的文件和修改工具。

请注意，非标准信息（如图纸或CAD文件）可能必须与修改一起发布。

12.5.3　操作技术状态

操作技术状态，通常称为维护技术状态（如图12-5中标记），是在给定时刻产品技术状态的快照。由于存在需要拆卸和安装特定设备的产品角色变化，操作技术状态会持续变化。由于故障，定期维护或大修，特定技术状态项目被其他技术状态项目所替换，该服务公告被体现，或者由于需要进行拆除以使另一种产品运行，因此具体要素已被删除。

操作技术状态的基础是允许的技术状态，称为"基线技术状态"。此基线技术状态是所有允许的技术状态的共同特征，一个操作技术状态将始终包括基线技术状态。通常从一个操作技术状态更改为另一个操作技术状态意味着将产品返回到基线技术状态，然后添加技术状态项以实现操作技术状态。

操作技术状态更改的触发器是一个工作顺序。操作技术状态需要被报告给产品所有者（如果由第三方执行），操作指令通常还可以向OEM报告，以获得特定的支持或出于法律原因。当产品出售或移交大修或退回产品时，也提供操作技术状态。在这种情况下，以与12.5.1节中描述的与交付技术状态相似的方式提供。

1. 无需更换设备的折卸/安装

在下一个更高的组件上移除/添加产品（例如，安装在产品上或从产品上移除的设备），原则上不受互换性要求的影响，因为它不被替换为另一个项目。

但是，必须牢记，此类产品的安装/拆卸必须符合下一个更高的产品的兼容性规则：

（1）如果删除，可能会违反正面的兼容性（另一种产品可能不会保留安装，因为它要求删除的产品存在）。

（2）如果安装，可能会违反不兼容规则（安装的产品可能不会与已安装的其他产品同时安装）。

因此，无更换行为的设备的拆除或安装需要符合12.5.1节中概述的兼容性规则。

2. 服务公告的实施

服务公告的实施是对在役的项目的修改的执行。服务公告与定义新基线技术状态的一个或多个设计更改相关联。服务公告包含有关如何对现有项目进行此类修改的必要说明，通常还包括所需的材料（以及可能的工具）。

一旦实施了服务公告，受影响的零件会更改其零件号，以反映已对其执行的修改。如果零件安装在产品上，则需要更新产品操作技术状态，以反映它现在包含新零件。参见第12.6.2节。

3. 行动或执行工作

对项目执行的操作列表。这些分为：

1）非计划维护

这是为纠正故障或问题而执行的工作。这些是不可预测的，有时在制造商的技术文档中没有记录故障。因此，有必要记录：

（1）故障定义（症状、发生时等）。

（2）可能的系统故障或零件，如果可以在此级别隔离。请注意，在这种情况下，记录CI标识包括位置，是很重要的。

（3）已执行并纠正故障或使问题消失的纠正措施。

（4）如果此类操作意味着更换组件，则必须指定这些组件，并且如果这些项目处于技术状态控制之下，则必须更新实际技术状态以反映这些替换。

（5）日期和任何其他感兴趣的参考。

2）计划维护

这些任务是制造商手册推荐的。通常，这些任务被分组成一套任务，被称为检查或查验。有必要记录这些，它们是按照制造商的说明执行的：

（1）查验的定义（组成任务清单）。

（2）检查期间可能发现的结果。

（3）如果此操作意味着更换未在手册说明书中列出的组件，则必须指定这些组件。

（4）日期和任何其他感兴趣的参考。

4. 上下限

在使用物品时可能会出现使用限制，否则磨损可能会改变其物理特性，这是必须被研究的。这就是所谓的经营上下限。

一旦被研究，结果可能是：

（1）该物品仍然完全可操作（例如，金属元素的颜色变化，在研究时确定操作能力不受影响）。

（2）可以建立项目使用限制；这些限制必须被规定，并且这些限制可能会消失。

（3）没有解决问题的方法，必须建立项目的到期日期，之后项目必须被更换或重新设计。

12.5.4 根据需要技术状态

所需的技术状态（如图12-5中标记）是操作者想要在某一时刻具有的技术状态，以便与产品一起执行某个任务。因此，所需的技术状态是允许执行特定任务的允许技术状态（之一），如图12-8所示。维护机构采取的任何行为的目的是确保操作技术状态符合所需的技术状态，以便执行任务。

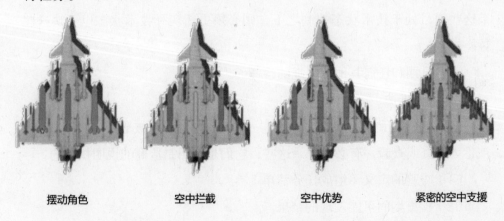

| 摆动角色 | 空中拦截 | 空中优势 | 紧密的空中支援 |

ICN-B6865-5000F12008-001-01

图12-8 所需技术状态示例

在这种情况下的挑战是产品通常处于不同的角色技术状态中，并且需要被带到所需的角色技术状态。即使在产品处于操作技术状态基线的情况下，必须进行更改以获得所需的角色技术状态。

虽然在理论上来执行角色转变基本上在于将产品带回到操作技术状态基线，然后通过删除或添加项目来执行必要的维护操作，以便获得所需的角色技术状态，但实际上这可能意味着重复工作，因为一些拆卸的产品可能随后必须重新安装，因为它们共存于两种技术状态中。

角色变化矩阵用于此目的，其识别两个角色技术状态之间的差异，因此确定哪些单个产品应该被移除或安装在最终产品上。请注意，角色变化矩阵应该在执行此所需技术状态时自动生成，因为原始和所需角色技术状态都可能具有变体（例如，基于可互换设备的使用，以及互换性和兼容性规则的后续应用），因此不可能事先产生所有可能的组合。

12.6 技术状态更改

12.6.1 允许技术状态更改

操作技术状态基线由产品OEM工程部门更新。由于产品它自己的历史，允许技术状态对于单个产品是唯一的。

对基线技术状态的任何修改只能通过服务公告执行，其中包括OEM工程部门授权修改产品。基线技术状态的关键变化的特征在于它们：

（1）影响产品类型证书。

（2）是强制性的（如由于适航指令）。

（3）是不可逆的（不可能返回到以前的操作技术状态基线）。

必须使用具体的服务公告更新基线技术状态，以减少允许技术状态计算的复杂性，但这要求向OEM提供反馈，关于将哪些服务公告体现在哪个产品中。

请注意，对基线技术状态的任何修改也意味着基于此基线技术状态的所有操作技术状态将受到影响。

12.6.2　服务公告

服务公告（也称为"技术规程"）是OEM工程批准的更改，可以实施为正在服务的产品。服务公告可以是强制性的或可选择的。服务公告的主要特征是它代表对单个产品的基线技术状态的修改。服务通告通常包括文档集（说明如何实施的更改），必要的部分或材料，有时也是进行修改的必要工具。

强制性服务公告通常会由于与产品相关的安全关键问题而产生，并确定其实施的时间表。可选的服务公告通常是对操作者可能或不希望实施的产品的设计改进。

在产品的服务公告中概述的更改的实施被称为服务公告的实施。当产品不能运行时，这通常作为标准维护活动的一部分进行。一旦这样的实施被执行，基线技术状态将改变，并且所有的维护将必须参考新的基线技术状态。

应将服务公告的实施报告给OEM（如图12-5中标记）。这样做的原因是产品的基线技术状态发生了变化，如果OEM不了解技术状态的更改，除了提供不足的备件等问题，OEM的任何支持都可能导致严重的错误甚至意外。

12.6.3　客户修改

一旦产品被释放给客户，可能会发生客户自己或通过第三方对产品进行修改。这显然会修改技术状态和产品维护，也可能会影响OEM提供的支持（例如，可能与其他技术状态项不兼容，或干扰OEM定义的维护任务）。因此，该数据集（如图12-5中标记）需要向维护者和OEM报告。

12.6.4　维护变更

许多维护操作（如清洁、润滑等）对产品技术状态没有任何影响。但是，更换零件可能意味着技术状态更改。这并不意味着每个替换操作都会影响技术状态：替换O形圈显然不意味着技术状态更改。这是因为虽然在设计技术状态中已经定义了每个项目，但是操作技术状态通常仅管理特定项目，称为服务技术状态控制项目。这些项目由设计部门定义。

检查较小的项目（如O形圈）是否符合设计技术状态（如维护手册中所

定义），但其技术状态不再进一步管理。但是，对于服务技术状态受控项目的更改必须记录在案，通常这些项目表示了特别的挑战。一般来说，所有服务技术状态受控项目都有一个序列号，以便能够单独跟踪它们。

这些服务技术状态受控项目的更改作为操作技术状态的一部分进行管理（参考12.5.3节）。这包括零件号的更改，以及相同零件号的序列号的更改，以获得对于技术状态报告的传统的"规定的"技术状态。

12.7　处理软件

传统上，软件被认为是操作技术状态中的一种异常情况。这主要是由于软件的变化比硬件的变化更频繁，而且还没有制定解决这个特定方面的具体规则。

额外的干扰因素是文件，诸如［RTCA/DO-178］，将软件识别为"可执行代码、数据和相关文档"。虽然这对于软件设计来说是完全合理的，但在使用中规则是不同的，软件的管理可以大大简化。

本节介绍如何将软件整合到全局服务技术状态过程中，以便像处理"另一个"配置项一样处理它。

12.7.1　可执行代码

需要考虑三个基本规则：

（1）软件是产品功能的一部分，因此软件更改也会改变产品技术状态。

（2）为了简化技术状态传播，软件必须被视为加载下一个更高版本的组件的技术状态项。

（3）软件具有零件号（P/N），但不包括序列号。

这些规则具有以下结果：

（1）每个软件版本必须有自己的P/N，因为它的功能已经改变（尽管只是轻微的改变）。

（2）如果软件被安装在非最终产品上（安装在另一产品（如自行车、汽车、坦克、飞机）中的设备），然后再被安装在下一个更高的组件中，则非最终产品的P/N也应随其功能发生变化而改变。在这种情况下，该软件是作为非最终产品一部分的"物理"项目，并且将成为其自己的技术状态树的一部分。例如，如果机载设备的软件装载在不在飞机上的设备中，那么应该被认为是一个可车间更换的物品，而这个软件的更改也意味着设备（P/N）的变化。这是因为软件包含在设备内，因此构成其固有功能的一部分，并且一旦设备安装在飞机上，这些功能就不能被更改。该软件构成物理设备故障的一部分。

如果同一台设备的相同软件装载在飞机上（现场可加载软件），那么该软件应该被认为是可航线可更换的物品，因此应该是飞机的技术状态项目，因为它会改变下一个更高的组件的技术状态。在这种情况下，由于软件加载，硬件P/N将不会改变。

如果软件可以在或不在飞机上被加载，那么它仍然应该被认为是飞机技术状态项，因为在服务中，永远不能保证硬件具有加载到其中的特定软件，除非每次在飞机上装载新的软件版本，不可能重新识别具有新P/N的硬件。

12.7.2 数据

一直存在一个争论：数据（如技术状态文件、任务数据、数据库等）是否应该是产品技术状态本身的一部分。

从实际的角度来看，这类数据的识别作为后勤过程（S3000L）的一部分是必需的，以便能够识别生成、加载/卸载它所需的资源，并在必要时对其进行后处理。

从操作的角度来看，将数据包含在技术状态中是方便的，以便能够将维护、操作和/或角色更改任务与它们相关联。如果特定任务需要加载特殊数据集，或者角色更改意味着更改参数文件，这一点尤为重要。在后一种情况下，特别是如果涉及安全性，这个元素作为技术状态项的识别应该是强制性的。

在技术状态中包含数据的另外一个好处是，可以通过给这样的数据分配不同的P/N来轻松地管理数据格式的更改，这将很容易防止在软件可能以某种频率更改的系统中加载不兼容的数据格式。

可执行软件的区别在于数据变化并不是罕见的——几乎持续的变化。除了没有提供任何额外的价值外，将P/N分配给每一个单独的数据集是不现实的和经济上不可行的。

过去运行良好的一种方法是通过一个"虚拟"P/N识别数据集（例如，角色特定的技术状态文件）。用于不同目的的相同数据集然后将接收不同的部件号以及不同的数据格式。为这些虚拟P/N分配互换性和兼容性规则，将确保在每种情况下使用正确的数据集。数据的内容将改变，但不是其目的或格式。

这允许一方面将数据与特定的变体技术状态相关联，并且还确保需要执行的必要任务切换到被执行的该特定的变体技术状态，从而防止在某些甚至是安全关键的情况下忘记更新一组数据。

该方法的唯一例外是与特定技术状态相关联且不需要修改的"固定"数据集，因此可以为其分配一个永久的P/N。

技术状态下的数据，使用或不使用虚拟P/N，应该以与软件相似的方式进行管理。

12.7.3 软件兼容性矩阵

过去使用了软件兼容性矩阵来表示允许的软件—软件和软件—硬件组合。虽然有用，但是当产品上安装的软件数量显著增加时，此方法变得无法管理。

然而，使用12.7.1节中指出的方法，软件兼容性矩阵变得不必要，因为这种兼容性是从12.5.1节中指出的可互换性和兼容性规则自动推导出来的。

然而，为了向后兼容性目的，可以从上述规则生成这种兼容性矩阵，反之亦然，可以从现有的软件兼容性矩阵生成正向兼容性规则。

请注意，为了简化整体矩阵，将不同的可允许软件组合分组为"软件技术状态"是方便的，兼容性矩阵将这些软件技术状态映射到特定的硬件，如图12-9所示。

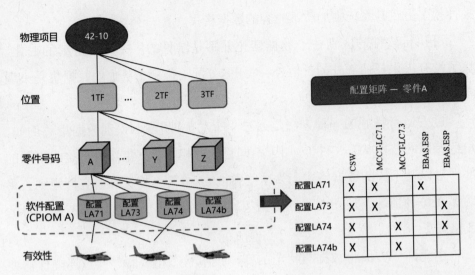

ICN-B6865-5000F12009-001-01

图12-9 硬件—软件兼容性矩阵示例

12.8 技术状态报告

请注意，为了技术状态报告的目的，特别是由诸如CAMO（持续适航管理机构）等组织使用，可以在以下情况下进行技术状态：

（1）可以通过交换、添加和/或删除设备，同时遵守所有的可交换性和兼容性规则，回到操作技术状态基线。

（2）可以通过交换、添加和/或删除设备，同时遵守所有的可交换性和兼容性规则，从操作技术状态基线实现此技术状态。

请注意，允许技术状态并不一定意味着它适合执行某个特定的角色或任务。

12.9 技术状态反馈使用案例

技术状态反馈用例从图12-5可以看出。用例基本上包括需要为5个已识别的技术状态信息流提供必要的信息，尽管在某些情况下，在不同的角色之间执行相同的信息交换。

12.9.1　使用案例1：将交付的技术状态交付给客户

此用例涵盖了产品在交付给客户时的技术状态传输。该用例所需的信息包括如下：

（1）允许技术状态识别。

（2）交付安装技术状态：序列号（所有序列化项目）和潜力。

（3）修改。

（4）豁免。

（5）与产品相关的所提供的设备（松散物品）。

12.9.2　使用案例2：向客户交付允许技术状态

该用例涵盖了向客户交付的产品的允许技术状态。该用例所需的信息包括如下：

（1）完整的技术状态树结构，包括适用性。

（2）操作技术状态基线。

（3）替代技术状态。

（4）用于标识项目位置的规则集。

（5）互换性规则。

（6）兼容性/混合规则。

（7）基本规则。

12.9.3　使用案例3：交换操作技术状态

这种用例涵盖了维护中涉及的不同角色之间的产品的操作技术状态的交换（例如，当产品发送检修时从客户到MRO，以及检修之后产品从MRO返回给客户）。该用例所需的信息包括如下：

（1）交付产品的结构。

（2）技术状态变更包括：

①项目用相同零件编号的另一个物品更换；

②项目用不同零件编号的另一个物品更换；

③没有进行更换的设备拆卸/安装；

④服务公告体现；

⑤所有更改的日期。

12.9.4 使用案例4：交付客户修改

这种用例涵盖了给维护者和产品OEM的客户修改的交付，以确保未来OEM修改记住这些客户的变化。该用例所需的信息包括如下：

（1）客户修改描述。

（2）操作技术状态基线。

（3）替代技术状态。

（4）用于标识项目位置的规则集。

（5）互换性规则。

（6）兼容性/混合规则。

12.9.5 使用案例5：向维护者交付所需技术状态

该用例涵盖将产品的期望技术状态传送到维护组织，以便指示一个必需任务的所需的产品的状态。该用例所需的信息包括如下：

（1）为特定任务请求的具体技术状态。

（2）需要所需技术状态的日期，以及需要维护此技术状态的期间。

第13章 服务合同管理所需数据的反馈

13.1 介绍

基于性能的保障（PBL）由美国国防部（DoD）制订，以优化系统准备并满足个别系统的性能目标。目前，已被世界各地的行业以及军事机构采用。

PBL由客户（如政府）和供应商（如行业）之间的长期合作协议组成，基于保障指标。PBL性能指标侧重于客户的需求，使系统具有可操作性，可靠的最终效能，同时以合理的成本实现最小的保障支持。

PBL型合同通常是非常苛刻的，但还有其他类型的在役合同可能会更加苛刻，例如，承包商提供传统上由客户履行的全部服务的服务合同。这种服务合同可以从管理食堂到运输货物，甚至执行机载飞机加油。在后一种类型的合同中，衡量的方式往往不是表现，而是"任务成功"。

这些复杂的在役合同的有效性和合规性只能通过建立量化措施来衡量，这些措施提供数字量表和证据，通过这些措施可以评估和监督在役活动进行规划和调度，制定奖励成本标准，评估替代支持解决方案等诸多原因。

这些衡量方式可以让客户和承包商都能够实施其最有效的做法，无论其运营的领域如何。维护可靠性和维持改善导致承包商和客户的货币回报。

但是，在役合同的管理不限于收集指标。组织方面、资源规划、资源管理、成本控制和非合同工作也是在役合同成功的关键，合同管理的必要信息对合同成功至关重要。

13.1.1 范围

本章的范围是定义在服务合同中不同参与者之间交换的必要数据，以便能够代表客户或承包商正确管理此类合同。

本章没有定义具体的合同指标，这些指标将因合同而异，它只提供能够交换这些指标的手段。

13.2　目标

主要目标是在数据反馈方面提供在役合同管理的基础。

为了实现这一目标，有必要描述基于性能的方法，因为这个主题在任何ASD标准中都没有描述。一旦定义了在役合同方法，就可以进行允许在役合同申请和管理的指标（数据反馈）的定义。

13.2.1　基于绩效的方法的描述

执行基于性能保障和类似合同的"绩效"是根据使用可靠性、任务成功、可用性等标准确定的目标进行定义的。根据自上而下的方法，当已经为系统指定了适当的性能要求时，可以将这些要求分配给各种保障支持元件。通过PBL方法，提供商被激励并有能力实现的目标或性能要求，以提高支持有效性，同时降低总拥有成本。

鉴于支持系统的要求，保障算法是必要的，以便为保障的各个要素建立适当的设计要求。换句话说，使用保障算法的第一步是建立一个基准或起始点，从这个基线或起点可以比较每个度量、性能或优点，并将其与最高级别的支持系统需求相关联。

目前，国防部门正在强调基于性能保障这一方法。由于［MIL-HDBK-502］指出："可支持性因素是程序性能规格的综合要素。然而，支持要求不应被视为不同的后勤要素，而是作为与系统的运行有效性，运行和生命周期成本降低有关的绩效要求"。

应该指出的是，所有规定的要求都必须针对程序进行调整，并可追溯到系统级的要求。

13.2.2　定义在役合同指标

指标是衡量活动或合同承诺成功程度的计算值。指标仅在特定程序和程序上下文中有效。在一个情景中优秀的度量可能在不同的情景中是不好的结果。

这些指标是评估保障性能参数或服务级别协议所需的最低可测量数据。用于性能参数定义的这些指标必须对所有用户（合同定义）都有意义。价值观必须以每个人都可以理解和同样解释的方式呈现。

指标应该是可控的，并与现有承包商和客户保障绩效报告系统相关联。

由于反馈数据（指标）的收集代表了供应商以及客户的成本，因此，衡量目标的实现或达成约定服务水平的合规性，必须证明每一个度量。

S5000F本身没有定义任何类型的合同或服务级别合规性的指标，因为它们通常依赖于客户需求而在合同中变化很大。然而，它提供了将这些数据反馈给承包商或客户的手段。

13.3　在役合同管理

企业和组织的管理是协调人们通过有效利用现有资源实现目标和目标的努力的功能。

因此，在役合同的管理意味着需要提供必要的信息，以便管理执行与合同相关任务的人员以及能够以高效和具有成本效益的方式执行必要资源。传统上，管理通过五个基本功能：规划、组织、协调、指挥和控制。这些可以描述如下。

（1）规划：决定将来发生的事情，并制订行动计划（提前决定）。

（2）组织：确保人力资源和非人力资源的实施。

（3）协调：创建一个可以实现组织目标的结构。

（4）指挥：决定在某种情况下必须做些什么，并做到这一点。

（5）控制：根据计划检查进度。

这些功能可以分为两大类，即准备和执行。准备工作涵盖了指挥和控制的职能和规划，组织协调和执行。还要注意，为了执行这些功能，首先需要完成一些事情，这通常是履行合同。本合同规定了需要做什么的要求。

因此，管理在役合同所需的信息需要解决以下几个方面：

（1）合同要求。

（2）合同框架准备。

（3）合同执行。

这些信息需要在下面的段落中描述。

13.3.1 合同要求

合同要求包括与合同本身相关的所有信息以及承包商应该做什么。这些信息需要在多个相关方之间交换，以便每个人都知道他需要做什么和什么时候做。传统上，合同已经写在纸上，因此无法处理或与其他信息相关联，因此管理层主要是手工活动，信息支持很少，因为对合同要求的合规性的验证基本上是手工活动。

为了适当管理在役合同的反馈意见，有必要提供以下信息：

（1）合同和合同期限。

（2）缔约方。

（3）合同条款和服务级别协议（SLA）。

（4）与其他合同的关系。

（5）工作项目（待执行的活动）、工作分解结构（WBS）。

（6）合同的履约地点。

（7）合同量。

此信息可以稍后映射到准备和执行方面，以便根据合同要求进行适当的合同实现和执行。应该指出的是，合同可能随着时间的推移而变化，所以有必要保持这些信息的准确性。

该功能的信息由用例1，2和9所涵盖。

13.3.2 合同准备

如第13.3章所述，合同准备包括规划、组织和协调功能。以下各个功能描述了每个功能所需的信息。请注意，这三个功能不一定是顺序的，并且经常重叠。

1. 合同规划

合同规划需要知道什么是必须提供的，什么时候，以确保所有要素都按照计划时间表到位，并产生适当的行动计划。合同规划所需的主要信息是：

（1）合同和合同期限。

（2）缔约方。

（3）与其他合同的关系。

（4）工作项目（待执行的活动）、工作分解结构。

（5）活动策划。

该功能的信息涵盖用例1、2、5和9。

2. 合同组织

为了组织合同，有必要确保人力和物力资源到位。合同组织所需的主要信息是：

（1）合同和合同期限。

（2）缔约方。

（3）与其他合同的关系。

（4）组织分解结构（OBS）。

（5）成本分解结构（CBS）。

（6）合同履约地点。

（7）安全分类。

该功能的信息涵盖在用例1、3、4、9和12中。

3. 合同协调

合同协调意味着创建一个可以实现组织目标的结构。合同协调所需的主要信息是：

（1）合同期限。

（2）合同条款和服务级别协议。

（3）与其他合同的关系。

（4）工作项目（待执行的活动）、工作分解结构。

（5）组织分解结构。

（6）合同规划。

（7）合同履约地点。

（8）关于用于合同的基础设施的信息。

（9）安全分类。

该功能的信息由用例1、2、4、5、9和12所覆盖。

13.3.3　合同执行

如第13.3节所述，合同执行包括指挥和控制功能。以下各个功能描述了每个功能所需的信息。请注意，这两个功能不一定是顺序的，并且经常重叠。控制通常是作为命令功能的结果进行的，但后者也可以通过在控制功能期间检测异常来触发。

1.　合同指挥

合同指挥意味着评估合同情况并采取必要的行动，以确保采取一切必要措施来确保合同合规。合同指挥所需的主要信息是：

（1）缔约方。

（2）合同条款和服务级别协议。

（3）与其他合同的关系。

（4）工作分解结构。

（5）活动策划。

（6）组织分解结构。

（7）合同条款和服务水平协议合规。

（8）发生合同成本。

（9）服务请求。

（10）来自/由第三方使用现有的基础设施或资源。

（11）状态报告。

（12）合同履约地点。

该功能的信息由用例1、2、4～11覆盖。

2. 合同控制

合同控制意味着监测计划的进展。这种控制不仅考虑了时间安排，而且考虑了预算、遵守合同条款和服务水平协议、处罚等。合同管理所需的主要信息是：

（1）合同条款和服务级别协议。

（2）工作项目（待执行的活动）、工作分解结构。

（3）规划。

（4）活动。

（5）成本分解结构。

（6）发生合同成本。

（7）服务请求。

（8）来自/由第三方使用现有的基础设施或资源。

（9）安全分类。

这方面的信息涵盖在用例2、3、5～7、10～12中。

13.4　用例

定义以下用例以涵盖第3章的活动：

（1）提供合同信息。

（2）提供工作分解结构。

（3）提供成本分解结构。

（4）提供组织分解结构。

（5）提供/更新活动规划。

（6）报告服务级别协议合规性。

（7）提供已发生的合同成本。

（8）提供合同状态报告。

（9）提供有关位置和基础设施的信息。

（10）管理服务请求。

（11）请求/授予/拒绝使用资源。

（12）分配安全分类。

下面将描述这些单个用例。

13.4.1　用例1：提供合同信息

这种用例涵盖合同具体信息的交换，包括合同日期、涉及的各方、与其他合同的关系以及相关的合同条款，以及与项目的关系以及合同的主题/目的。

13.4.2　用例2：提供工作分解结构

这个用例涵盖了两个或更多方之间的工作分解结构的交换，以便明确定义每个方必须执行的工作。该WBS可以符合MIL-STD-881或同等级。

13.4.3　用例3：提供成本分解结构

这个用例涵盖了两个或多个当事方之间的成本分解结构的交换，以便明确确定承担合同成本的概念。请注意，此用例与第7章中的同名用例共享。

13.4.4　用例4：提供组织分解结构

这种用例涵盖了参与合同的两个或更多方之间的组织分解结构的交换，以记录这些当事方之间的关系。

13.4.5　用例5：提供/更新活动计划

这个用例涵盖了作为合同一部分必须执行的一系列活动的规划和/或更新。

13.4.6　用例6：报告服务级别协议合规性

此用例涵盖提供关于遵守或不遵守服务级别协议的信息以及有关红利或罚金的相关索赔。

13.4.7　用例7：提供合同成本

此用例涵盖了收集成本数据，以控制和管理合同成本。

13.4.8　用例8：提供状态报告

这种用例涵盖了根据合同或内部管理准则可能要求的合同或具体活动

的状态数据交换。

13.4.9　用例9：提供有关合同位置的信息和基础设施

这个用例涵盖交换有关合同位置和必要基础设施的必要信息，以便能够将其支持计划作为合同义务的一部分。

13.4.10　用例10：管理服务请求

该用例涵盖一方对另一方执行服务的请求以及进行该服务所必需的必要信息。

13.4.11　用例11：请求/授予/拒绝使用资源

该用例涵盖一方对另一方能够使用特定资源的请求，或者对该资源的使用（如车间、机库、模拟器）的授权/拒绝。

13.4.12　用例12：分配安全分类

本用例通过允许将安全分类分配给项目中使用的文档、服务、基础设施、项目和其他元素，涵盖了项目层面的安全性方面的分配和管理。

第14章 非预定义信息的反馈

14.1 引言

S5000F规定了一种从现场反馈有关维护和操作方面信息的标准方法。因此，它定义了可以为不同目的（如LCC、可靠性研究、维护改进、PBL合同管理等）选择的一组数据元素。然而，实际上，没有标准可以涵盖各种各样的信息，以及可能需要提供反馈或要求其他组织提供支持的多个方面（二进制文件、照片、扫描纸文件等）。

14.2 范围

本章提供了有关如何从操作或维护领域提供信息反馈的必要信息，不包括在本规范中的其他反馈信息，要么是因为相应的数据元素尚未定义，或因为信息根本无法映射到数据元素。

14.3 非预定义的反馈信息

没有规范可以涵盖所有潜在的反馈，因为总是存在不能被标准化的方面。这些示例可以是例如二进制内置测试文件（特定产品特有的）或目前未被本规范覆盖的结构化数据。已经确定了可能需要作为反馈发送的两大类反馈信息，作为数据本身或补充/附加到其他反馈信息：结构化和非结构化数据。

14.3.1 非预定义结构化数据

非预定义结构化数据是指涵盖数据元素的数据结构，它们不构成本规范的一部分，但与服务数据反馈过程相关。通常，这是特定项目或产品特有的信息。这组信息可能包括以下元素：

（1）产品特定数据（如发动机参数）。

（2）流程特定信息（如活动的排序信息）。

（3）合同特定数据（如合同状态信息）。

（4）一般技术数据（如测试结果）。

（5）基于非S系列规范生成的数据（例如，用于测试数据的IEEE 1636）。

（6）其他数据（如地理位置信息）。

非预定义结构化数据的特征是它们将具有对应于自己的数据模型的数据结构（可能与S5000F数据模型不兼容）。这些非预定义的结构化数据可以具有从平面文件到XML架构的多种格式，并且可以在一个或多个（相关的）文件中传送。

有两种不同的非预定义结构化数据：

（1）可以与S5000F数据模型相关联的各个值。

（2）不遵循S5000F数据模型的结构化数据。

1. 可以与S5000F数据模型相关联的各个值

为了允许S5000F数据模型的简单扩展，而不需要滥用现有的数据模型结构和属性，本规范允许通过功能单位（UoF）项目特定扩展的方法来定义项目特定的数据。这个UoF基本上允许任何类的扩展，通过提供：

（1）要扩展的类名。

（2）附加项目特定值的名称。

（3）数据需要与之关联的特定类实例的标识符。

（4）价值本身。

请注意，如果在指导会议期间定义了项目特定的扩展，并将其并入技术数据交换文档中，则这些变为自动"定义"的数据，因此可像其他S5000F数据一样进行处理。然而，由于这些数据也被明确标示为"具体项目"，因此不会干扰不同项目的数据整合。这可以确保跨多个项目的数据一致性，同时仍然允许包含具体的项目需求。

如果一个特定的数据集出现在多个项目中，那么建议针对S5000F提出变更请求，以确保其包含在数据模型中，如第1章所强调的那样。

2. 不遵循S5000F数据模型的结构化数据

根据其自己的定义，S5000F数据模型无法处理这些数据。因此，如果需要转换此类数据，建议以文件格式转化这些数据，并按照与第14.3.2节中的非预定义非结构化数据相同的方式处理这些文件。

这些数据可能（或不）与本说明书其他地方定义的数据相关联。如果存在与S5000F数据的这种关联，则该关联应嵌入在非预定义结构化数据本身中（例如，发动机参数应包括识别与之对应的发动机的字段，使用该发动机的相应S5000F标识符），或以与非预定义的非结构化数据相同的方式与外部数据本身相同。

14.3.2 非预定义非结构化数据

非预定义的非结构化数据是指与操作和维护数据反馈相关的信息，因为其本身的性质不能被构造为一组数据元素。这组信息可能包括以下元素：

（1）多媒体文件（如裂缝照片、故障视频）。

（2）文件（如扫描的手写纸、PDF报告、文字处理器文件）。

（3）图纸（如图形、CAD文件）。

（4）二进制数据（如BIT和诊断信息、SHM文件）。

（5）其他信息（如应用程序日志文件、光谱仪数据）。

非预定义非结构化数据的特征是它们没有自己的数据结构，它们的格式和大小不能提前确定，并且它们可能来自各种各样的数据源，其中一些可能甚至没有在本规范的出版上设计出来。由于其种类繁多，这种数据必须原则上被认为是一个"黑匣子"，其内容原则上未被本规范所了解，并且执行本规范的工具将无法理解。

这些数据可能（或不）与本规范其他地方定义的数据相关联。如果存在与S5000F数据的关联，则由于其未知性质，该关联不能被包含在非结构化数据本身中。因此,必须在这种数据之外进行这样的关联,在外部以这样的方式"标记"这样的数据,使得接收组织的内部工具(或人员)可以重建这种关联。因此,虽然数据本身不符合S5000F规范,然而它可以以与电子邮件的附件文件类似的方式,由电子邮件程序进行处理,而与电子邮件程序是否知道它是什么无关。

14.4 提供非预定义的反馈信息

14.4.1 问题陈述

非预定义反馈信息的传递遇到了必须解决的几个问题,以确保该信息与S5000F规范的其余部分无缝集成,同时确保可以正确处理此信息。

覆盖所有可能需要在运行和维护期间被反馈的潜在的非预定义信息超出了S5000F的范围,因为列表是潜在无限的。

假设非预定义的反馈信息本身对于本规范的执行而言就是未知的,则有必要围绕与S5000F兼容的信息创建一个"包装器"。这个信息是否包含一个或多个文件以及这些文件的性质是无关紧要的,只要S5000F数据处理工具能够正确地理解包装器。而鉴于S5000F信息也可以通过ISO 10303-239 PLCS(AP239)进行交换,这意味着包装器也必须与PLCS进行互操作。

另外,由于包含的("被包装的")信息原则上是一个黑匣子,因此包装器必须包含有关谁发送的信息、信息是什么、对谁来说、路由指令(如有必要)和假设在包装器中发送的信息不符合标准数据交换规则——防止不充分使用的安全规则(如通信加密)。

因此,S5000F建议使用ASD-SSG TDP消息规范传输这样的非预定义信息,使其与S5000F的其余部分兼容,并且还可以映射回此类信息。请注意,此方法还允许将非预定义信息映射到其他S系列规范的数据。

14.4.2 技术数据包

根据经典定义,技术数据包(TDP)是一个项目的技术说明,它可以在开发、制造发展、生产、工程和项目整个生命周期中支持信息交换。这种技术说明定义了确保项目性能充分所需的设计技术状态和程序。

TDP由定义项目的各种数据组成。可能包含在TDP中的数据类别包括但不限于：

（1）产品定义数据。

（2）工程图纸。

（3）相关列表。

（4）规格参数。

（5）标准。

（6）性能要求。

（7）质量保证条款。

（8）可靠性数据。

（9）包装细节。

（10）建模数据。

（11）其他信息。

因此，基本的TDP是在一个包中提交的一组组合的产品数据。TDP概念已广泛应用于工程。定义常用的TDP的规范是［MIL-STD-31000］。

14.4.3　TDP消息

ASD目前正在推行与ASD SSG定义TDP消息标准类似的定义。虽然原则上TDP消息最初是为了产品数据管理（PDM）数据的传输而设计的，但它同样适用于传输非预定义的支持信息。TDP消息的目的是收集有关不同组织及其应用程序之间技术数据包文件安全传输的信息，因此非常适合非预定义的数据反馈。

技术数据包可以被视为"容器/载体文件"，它收集所有相关的文件传输数据。技术数据包包括数据发送单（TDP消息）、产品元数据、产品数据文件（1到n个数字文件被安全地传输到相应的目标系统）。这些文件将以压缩文件加密。

实质上，TDP消息是包的一部分，如图14-1所示，其标题包括允许集线器系统识别应该发送相应文件的目的地的消息。TDP的内容要被安全地传输，补充的元数据文件描述了TDP、发送者和接收者的所有文件以及补充的安全相关信息。这在图14-2中有所描述。

ICN-B6865-5000F14001-001-01

图14-1　具有TDP消息的技术数据包的结构

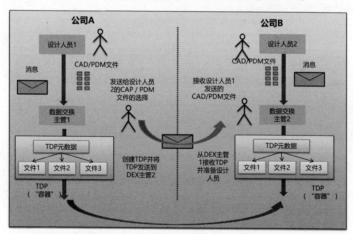

ICN-B6865-5000F14001-002-01

图14-2　技术数据包消息概述

因此，涉及的应用是作为TDP生产者应用的客户、用作TDP消费者应用的目标系统，作为为TDP内容提供安全传输能力的集线器系统的集成平台以及相关的可追溯性。

1. TDP消息数据

TDP消息中的数据将包括以下内容：

（1）发送者。

（2）接收者。

（3）非预定义数据文件列表。

（4）这些文件的性质。

（5）数据进程。

（6）回执的确认。

（7）传输及其内容的验证。

（8）加密信息。

2. 产品元数据

因此，TDP内的产品元数据将包含链接到S系列信息（例如，用作关联密钥的数据元素）。

3. 产品数据

产品数据将是对应于14.3.1节和14.3.2节列出的信息的文件。

请注意，TDP消息不对TDP中包含的产品文件的实际内容以及其遵守的标准做出任何类型的假设。

14.5 S5000F 需要非预定义信息的章节

表14-1列出了可能需要传输非预定义信息的主要S5000F章节。此列表不是排他性的，仅供参考。

表14-1 S5000F中可能需要非预定义信息的章节示例

章节	标题	非预定义信息的示例
4	维护分析反馈	BIT数据、SHM文件、图纸
5	安全分析数据反馈	事件视频、事件位置图、CAD文件、图纸、扫描报告、音频文件
8	反馈数据支持解决保修问题	损害的照片
9	反馈用于产品健康和使用监控的目的	二进制健康监控系统文件
13	数据反馈支持服务合同管理	合同、报告、证书、扫描文件
其他使用	系统工程数据反馈	SHM文件、测试数据、BIT数据

14.6　使用案例

已经定义的两种用于交换非预定义数据的用例：

（1）特定项目值的交换。

（2）非预定义信息的交换。

14.6.1　使用案例1：提供特定项目的值

此用例涵盖了对已被特定项目添加到S5000F数据类之一的附加领域的值的交换。此信息对应于14.3.1节中列出的信息。

14.6.2　使用案例2：提供非预定义信息

此用例涵盖了S5000F中未包含的数据交换，无法添加到现有类中，因为项目特定值或其自身性质不能被包含在数据模型中。该信息对应于14.3.1节和14.3.2节中列出的信息。

第15章　数据交换

15.1　概述

15.1.1　简介

本章的目的是为操作和维护数据反馈所需的数据交换的实施，定义了一套连贯一致的准则。S5000F 1.0版的数据交换使用XML和XML架构进行定义。

S5000F XML架构使用为［SX002D］通用数据模型定义的XML架构，以确保与其他S系列ILS规范的互操作性。有关其他规范的潜在互操作性限制，请参阅［SX003X］。

S5000F XML架构将在S5000F网站（http://www.s5000f.org）上单独发布。

15.1.2　目的

本章的目的是描述S5000F SML架构如何支持S5000F反馈及其与其他业务流程的交互。

15.1.3　适用范围

数据交换的范围包括与本规范中概述的操作和维护数据反馈相关的所有机制，包括：

（1）使用S5000F XML架构的S5000F数据交换概述。

（2）定义的S5000F SML架构概述。

（3）S5000F XML架构与ISO 10303-239之间的关系。

（4）关于服务数据存储库的建议。

（5）有关数据质量的建议。

15.1.4　超出范围

数据交换不包括处理或清理交换信息的潜力。

15.1.5　互操作性

该数据交换已经考虑了现有的S5000F数据模型和已经在所有S系列规范中开发的通用数据模型（CDM）的开发，以确保S5000F与其他S系列规范的互操作性。CDM已经作为［SX002D］出版。

该数据交换还考虑了由AIA/ASD数据建模与交换工作组（DMEWG）定义的全球政策，以确保与其他S系列规范交换数据的互操作性。有关如何实现这种互操作性的详细信息，请参阅［SX000i］ILS指南。

15.2　数据交换

S5000F数据的数据交换是通过XML消息进行的。基本消息在［SX002D］中定义，并在UoF信息中被复制。消息是从一方传达给另一方的信息的集合。消息可以提供新信息（创建），修改现有信息（更新）或需要删除现有信息。

S5000F目前并不要求特定消息的内容。它可以是与单个种类或多个种类相关联的信息。通常，在一个或多个消息中交换的信息集将包括一个与单一用例相关联的信息。

必须强调的是，服务反馈不是单向的（例如，从运营商到OEM），而是多方位的，这意味着客户和承包商在不同合同中可以采取不同的角色，因此数据流可能会改变。数据格式保持不变，但由于合同安排，提供和接收数据的角色可能会发生变化。

被交换的数据应该被记录，以便提供交换的可追溯性。数据本身应存储在服务数据存储库中，如第15.6节中所述。

15.3　其他S系列ILS规范的反馈

S5000F并不为所有其他规范提供直接的信息集。虽然共享相同的公共数据模型，但是可能需要进行某些转换才能实际供给S5000F反馈信息以供个别规范的使用。因此，数据可能会根据某些标准进行转换、过滤或汇总以供使用。例如，故障数据可能需要过滤和聚合，以便得到服务MTBF的计算结果。

这种转换/过滤/聚合将按照"消费者"规范的相应输入规范中定义的方式进行。例如，［S3000X］将定义［S3000L］如何使用S5000F数据进行服务LSA。

请注意，各个规范将仅收到特定于它们的信息。多个规范通用的反馈将遵循［SX000i］中定义的过程，通常通过［S3000L］。

图15-1显示了［S3000L］和［S1000D］的示例流。

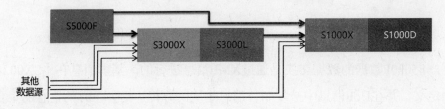

ICN-B6865-5000F1601-001-00

图15-1 ［S3000L］和［S1000D］的示例流

15.4 S5000F XML 架构

S5000F XML架构衍生自本标准定义的S5000F数据模型。将S5000F数据模型映射到S5000F XML架构的方法是根据DMEW定义的XML架构创作规则执行的，这是所有S系列ILS规范所共有的。

一个附加的功能，使用S5000F的XML架构（1.0版）交换服务数据反馈数据仅交换更新的选项。可以在完整（基线）消息之间发送更新消息，并且可以适应服务数据的次要和主要的变化。

这意味着服务数据的接收者不需要分析需要采取哪些措施来更新目标数据集（如服务数据库）。

用于完整（基线）消息的XML架构强制执行S5000F数据模型中定义的所有规则，以保证交换数据集的一致性。

S5000F 1.0版的XML架构，支持本标准中定义的所有功能单位以及整个规范中定义的所有使用案例。

15.5 产品寿命周期保障

S5000F XML架构将提供ISO 10303-239产品寿命周期保障（PLCS）版本2的映射，以支持继续使用ISO 10303-239 PLCS，并通过内部产品寿命周期管理（PLM）系统，将反馈数据映射到设计信息。这些映射将成为相应的S5000F XML架构的一个组成部分。

因此，希望使用PLCS而不是定义的XML架构的组织将有可能使用ISO 10303-239第2版来实施S5000F。

引入S5000F XML架构作为支持S5000F数据交换的基础是允许不具备所需PLCS技能（主要是中小企业）的组织仍然支持S5000F指定的数据交换。

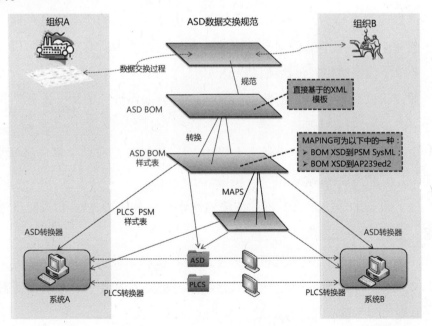

B6865-S3000L0237-001-00

图15-2 ASDXML架构与PLCS的映射

在等待ISO 10303-239 PLCS版本3及其相关的数据交换开发环境时，所有未来的S系列ILS规范将遵循与S5000F所述的相同的XML架构方法。图15-2说明了如何在ISO 10303-239 PLCS和OASIS PLCS PSM中查看S系列ILS规范的XML架构。请注意，OASIS PSM的映射未被设想，但可能由其他组织处理。

S系列ILS规范XML架构旨在支持业务对象模型（BOM）层的数据交换。然而，每个XML架构还包括将每个元素和属性明确映射到PLCS所需的映射细节，以便实现基于PLCS的数据交换和/或基于PLCS的数据整合，以及将来与其他基于ISO 10303（STEP）的数据（如AP233、AP242）的集成。

该方法已被AIA / ASD ILS规范委员会批准用于所有S系列ILS规范。

15.6 服务信息数据库

强烈建议将作为操作和维护反馈的一部分而提供的所有信息存储在公共存储库中。本规范的数据模型以这种方法设计使得所有数据都可以集成到一个单个数据库中，包括项目特定的信息。

建议将这样的服务反馈数据与其他后勤数据库分开维护。这种结构有多种原因，如图15-3所示。

（1）收到的数据可能会从多个操作者（多个OEM或多个客户/运营商）收到，并可能需要协调。

（2）收到的数据将具有不同的质量水平，可能需要过滤和/或验证才能使用。

（3）收到的数据的映射可能并不总是直接映射到其他ILS数据库（如S3000L数据库），因为这样的数据库不存在于另一个操作者，或者由于对方的交换操作者不能保持不同后勤元素之间的相互参照。

（4）每个操作者将有一个不同的IT基础架构和不同的应用程序。因此，建议为使用服务反馈数据的所有应用程序设置一个公共参考数据集。

（5）通信渠道两侧的同一个服务数据库允许数据的正确同步、更好的数据集成和改进的数据质量、容易澄清疑虑，并且还使个人操作者的IT系统和信息在一个组织内发布的方式与实际交换脱离。

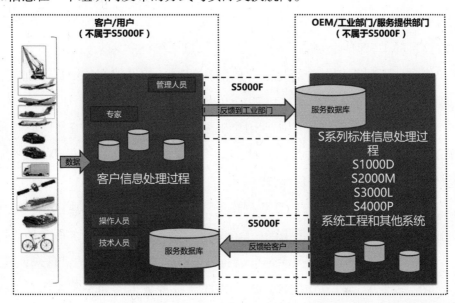

ICN-B6865-5000F1602-001-00

图15-3　数据交换和服务数据库概述

建议数据交换从/到服务资源库执行，以确保信息的一致性。这样的服务资源库将整合来自不同IT系统的信息，并将信息分发到其他内部IT系统，确保发送和接收信息的一致性。

请注意，这并不意味着交换双方的资源库应包含相同的信息，甚至不具有相同的数据库结构。事实上，交换双方所包含的信息会有所不同，因为运营商/客户将存储不同产品的服务信息，OEM/行业将为不同的客户存储信息。这些服务资源库的重要性在于每个方面都有一个"单一版本的真相"，而不是尝试在多个组织之间调和多个系统。虽然有可能在交换的双方拥有一个完全相同的特定的服务资源库，但这将意味着更高的成本并增加系统集成的复杂性，因为将为每个不同的程序和/或客户创建资源库。

在客户/用户方面，单一服务数据库的一个重要优点是与其产品编队相关联的所有操作和维护数据都存储在一个资源库中，从而允许控制来自不同供应商的多个产品的性能并评估改进措施。

在OEM/行业方面，单个服务数据库的明显好处是在单个资源库中拥有来自多个客户的数据，因此具有统计学意义上的统计分析信息语料库（如可靠性目的），即使个别客户购买的产品数量无统计学意义。它还允许比较客户信息，以便识别一个特定客户的潜在问题，如果他们的数据严重偏离一般模式。

对于整合服务数据库的所有用户来说，另一个关键优势在于，它提供了一个不间断的信息资源库，这些信息不可能通过整合一组合成的服务工具（通常成本很高）来实现。

请注意，整合的服务信息数据库的建立/使用并不意味着在客户/用户和OEM/行业层面都不会使用单一工具来进行服务活动。整合的服务信息数据库是一个统一的信息资源库，可以通过汇总来自不同工具的信息来创建。类似地，多个工具可以访问该资源库以捕获服务数据，而不需要用其他相关的工具设计专门的接口。将数据汇总到该整合的服务信息数据库中的过程超出了本规范的范围。

可以使用本规范中指定的数据模型创建服务信息资源库。

15.7　数据质量

事实上，服务操作和维护反馈的数据大多数时间是混乱的，如果不进行某些处理，通常不能"按原样"使用。事实上，这个规范提供了以标准方式传输数据的方法，但不管数据对规范的遵守程度有多严格，它都不能解决数据在使用之前可能需要清理的问题。

这种混乱（数据不足）主要是由于四个主要原因：

（1）不完整。缺少属性值，缺少某些感兴趣的属性或者仅包含聚合数据。

例如：缺少国家名称。

不完整的数据通常是由于以下因素：

①数据值在收集时不可用；

②在数据收集时和数据分析之间使用不同的标准；

③遗留系统不包括必要的信息，或以不能正确转换到按照本规范进行反馈的方式被收集；

④人力/硬件/软件问题。

（2）嘈杂。信息包含错误或异常值（拼写、语音和打字错误、单词转换、单个自由格式字段中的多个值）。

例如：

①年龄=10；

②名="琼斯"，姓="麦克"；

③制造日期="9999年12月31日"。

嘈杂的数据通常是由于以下因素：

①故障仪器收集数据；

②人或计算机数据输入错误；

③数据传输问题。

（3）不一致。信息包含代码和名称（同义词和昵称、前缀和后缀变体、缩写、舍去和缩写）的差异。

例如：

①年龄="10"，生日="2012年12月3日"；

②零件号203 名称="CAMU HW" 和 "CAMU H/W"；

③曾评级为"1，2，3"，现在评级为"A，B，C"。

不一致（和冗余）数据通常是由于：

①不同的数据源，所以不一致的命名惯例/数据代码；

②跨传统应用程序的不同数据模型；

③源系统中的功能依赖和/或引用的完整性违规；

④没有足够的数据转换到S5000F格式。

（4）断章取义。某些信息可能无意义和/或被误解，如果未在特定的上下文中提供。

例如：

①没有时区参考的日期和时间可能被误解；

②无客户或合同参考的产品数据无法被处理。

断章取义的数据通常是由于所需数据的不完整定义。

数据质量的最大影响是在原始数据的收集和准备中发现的。应建立数据质量控制，以确保收集和准备交换的数据是完整和准确的。在此过程中越晚引入这种质量控制，数据质量不足的影响就越大。

应该强调的是，本规范的使用并不能保证数据的充分性或质量，只能以特定格式提供特定范围内的特定数据。因此，本规范的使用应附有一组业务规则，这些业务规则将提供验证接收到的数据的手段。业务规则的一个例子可能是维护任务的日期不能在产品交付（或至少是产品制造）日期之前发生。这些业务规则不仅可用于验证接收到的数据，还可用于在收集此类数据期间或至少在作为反馈提供之前检查数据质量。

建议使用应用数据质量流程标准诸如ISO 8000，以提高准备和交换的数据的质量。

接收到的数据的清理通常作为暂存过程流程的一部分执行，其中接收到的数据根据业务规则进行验证，如果需要则补充附加信息，然后存储在服务数据库中，参考其他ILS元素。如何进行这种清洗和交叉引用的描述不在本规范的范围之内。但是建议保留清理所需的记录，以便对潜在的数据转换具有完全的可追溯性。

同样，应该记住，数据交换总是为了特定的目的而执行。这种数据的不完整性或者断章取义可能会阻止这种目的的实现。

尽管本章中特别提出的数据质量检查通常在数据接收方进行，但应强调的是，提供高质量数据的责任始终在于提供此类数据的一方，而且这些检查应在数据交换之前执行。但是建议双方建立数据质量小组，以便正确报告数据质量问题，并采取适当措施来生成数据以纠正任何数据质量问题。

第16章　术语、缩略语

16.1　介绍

在整个规范中必须准确使用术语，并解释本规范中缩略语的使用。

16.2　范围

本规范使用术语的完整列表在16.3节中。缩略语的完整列表在16.4节中。术语和缩写的定义以及首字母缩略词与S系列标准［SX001G］中的一致。

16.3　术语定义

S5000F中尽可能使用S3000L或其他S系列标准中已定义的术语。当没有找到术语的定义时，参考其他国际标准的术语定义；只有在找不到替代定义时才创建新定义。

—　管理延误时间 Administrative Delay Time

由于管理原因导致维修操作无法继续的时间（例如，等待批准开始维修、预算限制、协调要求）。(IEC 60050-191)

—　可选技术状态 Allowed Configurations

产品制造商或设计单位拥有不同技术状态的最终有解释权，产品可以在实际运行的特定时期做不同的技术状态调整。

—　交付技术状态 As Delivered Configuration

产品所具有的实际技术状态（包括序列号）从制造商到客户进行切换时投入使用。

产品在OEM交付给客户时所具备的实际状态（包含序列号），是服务的起点。

— 预期技术状态 As Desired Configuration

在特定时间的技术状态基线（如产品返修或执行特定的任务）。

— 维修技术状态 As Maintained Configuration

使用期间的产品技术状态（包括序列号）。

— 可用性 Availability

可用性是衡量一个项目随时可用的状态或可操作的状态。当任务或操作在一个未知的时间开始，这被称为操作准备。（S3000L）

— 瞬时可用度 Availability Instantaneous（Point Availability）

产品在给定时刻处于满足需求的状态的概率。（IEC 60050-191）

— 固有可用度 Availability, Intrinsic（inherent）

在理想的维修和操作状态下可用度值。（IEC 60050-191）

— 使用可用性 Availability, Operational

是在任何时刻的设备/系统所需的操作时间将在所述条件下令人满意地工作的概率，考虑使用、修复和预防维修管理延迟时间和保障延误时间。（ARMP-7）

— 航空安全关键件 Aviation Critical Safety Item

飞机或航空武器系统中的零件、组件、安装设备、发射设备、恢复设备、保障设备，这些组件或设备故障，失灵或缺失会导致灾难性或重大故障，导致飞机或武器系统损失或严重损坏，人身伤害或丧失生命等不可接受的风险，或危及安全的非指令生发动机停机。（国际公法108-136，第802节）

— 技术状态基线 Baseline Configuration

设备的一个基本技术状态，通过设备交换可以实现所有其他允许的技术状态，而无须进行修改。

— 机内测试 Built-In Test

机内测试（BIT）在项目上实现，以使它们能够进行一定程度的自我测试。通常实现三种类型的机内测试：

（1）在项目启动时执行的开机机内测试（内置自测试）。

（2）连续内置测试（持续性自测试），在项目操作期间定期和自动执行，无须操作人员的任何干预。

（3）初始化内置测试（既发自设测试），根据操作员或维修团队的命令执行。

每种类型的测试都会检测特定类别的故障。（S3000L）

— 能力 Capability（of an item）

在给定条件下满足给定定量特征的服务需求的能力。（IEC 60050-191）

— 编目 Cataloguing

对项目进行会计处理，并对其进行详细描述，包括命名、描述、分类和分配字母和数字的唯一组合，或两者兼容，以便检索项目信息。

— 外部原因 Cause，External

产品使用之外发生的事件，如鸟击。（S3000L）

— 认证 Certification

（1）评估产品设计的过程以确保它符合适用于该类型产品的一套标准证明可接受的安全水平。

（2）评估单个产品以确保其符合的过程具有认证型设计。

（3）颁发国家法律要求的证明符合性或符合性已根据标准找到以上项目①或②。（RTCA DO-178B）

— 权威认证 Certification Authority

国家或国家内的组织或负责人涉及符合要求的认证。（RTCA DO-178B）

— 作战能力 Combat Capability

潜在的作战能力，执行作战功能或战斗任务，实现战斗目标或提供作战服务。

— 货架商品 Commercial Off-The-Shelf

软件或硬件，一般为技术产品，现成并可向公众出售、租赁或发布许可。（S3000L）

— 共同原因 Common Cause

一些问题可能导致几个故障。例如，电源问题会导致其所有附件出现故障。这类多次影响的故障称为共同原因。（S3000L）

— 基于状态的维修 Condition Based Maintenance

由于从例行或连续监测获得的设备项目的状态的知识而开始的维修。（JSP 817）

— 状态监测 Condition Monitoring

获取有关物理状态或运行参数的信息。（IEC 60050-191）

— 技术状态控制 Configuration Control

（1）为某一项目建立商定的建造标准和控制该标准的变更的程序，以便它可以随时被定义。（ARMP-7）

（2）一个系统的过程确保发布的技术状态文件的变化被正确识别、记录、评估影响，通过适当的权限审批、纳入，并验证。（MIL-HDBK-61A）

— 技术状态标识 Configuration Identification

（1）标识系统中的技术状态项并记录它们的特性过程。（RTCA DO-178B）

（2）定义技术状态项（RTCA DO-178B）的批准文档。

（3）选择系统属性，组织关于属性的相关信息和说明属性的系统过程。（MIL-HDBK-61A）

— 技术状态项 Configuration Item

（1）一个或一组元素，它们是硬件、软件或两者的组合，或其任何离散部分，其执行最终的功能，并需要进行技术状态控制。它是构成技术状态树的元素。

（2）能够满足最终用户功能的硬件、软件或两者的组合，设计用于单独的技术状态管理。（MIL-HDBK-61A）

— 技术状态管理 Configuration Management

（1）识别和定义系统的技术状态项的过程，在整个软件生命周期中控制这些项目的发布和更改，记录和报告技术状态项的状态、变更要求并验证技术状态项完整性和正确性。

（2）应用技术、行政指导和监督：①识别和记录技术状态项的功能和物理特性；②控制这些特征的更改；③记录和报告更改控制流程和实施状态。（RTCA DO-178B）

（3）建立和保持系统全寿命性能、功能和物理属性与其要求、设计及运行信息一致性的管理过程。（MIL-HDBK-61A）

—　技术状态槽 Configuration Slot

技术状态树中可以安装技术状态项的具体位置。技术状态项由该技术状态标识项目标识符及其占据的位置确定。对于不太复杂的产品（如设备），可以不关心位置，由其标识符唯一地标识技术状态项。

—　技术状态统计 Configuration Status Accounting

管理信息所需的信息的记录和报告技术状态，包括批准技术状态的列表识别，对技术状态的建议更改的状态和批准变更的实施状态。（RTCA DO-178B）

—　技术状态树 Configuration Tree

产品基线技术状态的表示形式，由块和层次结构构成。

—　损坏 Damage

功能的损失或减少，不包括固有故障（内在的可靠性）。通常需要进行维修。伤害可以分组，例如关于结构：典型损伤包括划痕、凹痕或裂纹。这些损伤分组是标准修复程序的典型对象。（S3000L）

—　意外损伤 Damage，Accidental

在产品制造、产品操作或保养实践中对产品的接触或影响，或人为错误的影响，而引起的物品的物理损坏。（S4000P）

—　数据 Data

记录的任何性质的信息（包括行政、管理、财务和技术），不论其媒介或特征如何。（MIL-HDBK-61A）

以正式的方式重新解释信息使其适用于通信、解释或流程。（IEC 2382-1 101-12-03）

— 数据集群 Data Cluster

与某个概念或方案相关的一批数据。

— 数据元素 Data Element

（1）包含在单个消息字段中的值。

（2）原子数据单元。

— 数据元素列表 Data Element List

所选数据元素的列表或数据元素裁剪流程的输出结果。此列表可以包含特殊项目所需的其他数据元素，它们没有在任何标准中预定义。（S3000L）

— 数据项 Data Item

执行活动必须对采购或任务活动提交的文件或文件集以满足履行合同或任务指令信息发布的要求。（MIL-HDBK-61A）

— 子数据群 Data Sub-cluster

数据集中特定类型数据的子集。

例如："飞行故障报告"是"技术信息"的子集；"现场拆换"是"现场事件"的子集。

"站点事件"是"车间事件"的子集。"可用技术状态"是"参考数据"的子集。

子集群的概念是为了简化对实现反馈过程所需的数据元素的分析而创建的。它是数据集群分解结构的第一层。

— 缺陷 Defect

任何不符合产品规定要求的项目都是缺陷。注意：缺陷不一定导致产品故障。（S3000L）

— 偏差 Deviation

授权批准某一特定时间对产品/设备批准的技术状态文件的特定要求的偏离。但必须适合使用或经批准的方法修理后，才允许接受对设备/产品特定要求的偏离。（S3000L）

— 可信性 Dependability

用来描述可用性能及其影响因素的综合性术语：可靠性性能、可维修性能和维修保障性能。（IEC 60050-191）

— 诊断测试 Diagnostic Test

为了诊断而进行的测试程序。（IEC 60050-191）

— 调度中断率 Dispatch Interruption Rate

延迟和取消数量的比率，是产品的技术和固有性能对计划架次数量（％）的影响。

— 文档 Document

一个独立的信息或数据体，可以打包在单个介质上交货。文档的示例：图纸、报告、标准、数据库、应用软件、工程设计、虚拟部件模型等。（MIL-HDBK-61A）

— 停机时间（最大化）Down Time（maximum）

可接受（最大的）平均停机时间（MDT），此处MDT是产品不工作的时间。

— 耐用性 Durability

在给定的使用和维修条件下达到极限状态按要求工作的能力。（IEC 60050-191）

— 工程更改单 Engineering Change Proposal

描述合理提出的工程变更的文档，并提交当前文档批准或不批准文件中的设计变更的更改授权，以及对已交付或改型资产批准或不批准执行设计变更的采购活动。（MIL-HDBK-61A）

— 事件 Event

在某一特定时间点发生或出现，需要记录的重要事件。

— 事件描述 Event Description

可能导致相关故障模式的故障事件或特殊事件的描述。

— 事件记录 Event Record

描述对产品执行的操作及其结果的记录。

— 故障 Failure

产品功能下降到不可接受的程度，导致产品不能持续满足预期的用途。故障会发生在产品正常使用的任何时间。（S3000L）

— 故障原因 Failure Cause

故障原因是设计、制造或使用期间的任何会导致故障的因素。（S3000L）

— 故障条件 Failure Condition

对产品及其使用者直接和间接的影响，由一个或多个故障引起或促成的、相关的不利于操作或环境条件。（S4000P）

— 故障判据 Failure Criteria

判断故障的预定义条件或约束。（IEC 60050-191 Ed 2.0）

— 故障影响 Failure Effect

故障产生后对产品和更高层次的系统使用功能或状态造成后果的描述方式。（IEC 60050-191 Ed 2.0）

— 故障机理 Failure Mechanism

引发故障的过程。（IEC 60050-191 Ed 2.0）

— 故障模式 Failure Mode

故障的表现方式，可能被定义为功能丧失或状态改变。（IEC 60050-191 Ed 2.0）

故障模式是预测或观察到的物理、机械、热或其他导致故障的过程。这个过程的结果在与故障发生时的运行条件有关系。（S3000L）

— 故障模式发生概率 Failure Mode Probability

定义特定事件（故障、损坏或特殊事件）导致特定故障模式发生的频率。

— 失效率 Failure Rate

产品在每个测量单位发生故障的数量，测量单位为小时、千米等。（IEC 60050-191）

故障率是使用中的产品在单位时间内出现故障的概率。（S3000L）

— 严重故障 Failure, Critical

可能导致人身伤害或影响产品执行规定任务的故障。(IEC 60050-191)

— 原发故障/独立故障 Failure, Primary

不是由另一个产品的故障或缺陷引起的故障。(IEC 60050-191)

— 缺陷 Fault

不能按要求执行任务的状态。(IEC 60050-191Ed 2.0)

类似的情况如冗余系统的一个元件故障(不可用),不影响系统实现所需的功能(MSI)。在系统级别,缺陷不被认为是功能性的故障。(S4000P)

— 原生缺陷 Fault Found, Primary

不是由另一个产品的故障或缺陷引起的缺陷。(IEC 60050-191)

— 从属故障 Fault Found, Secondary

所有故障最初不是由设备本身引起的。(IEC 60050-191)

— 软件故障 Fault, Software

一个软件产品的缺陷,可能会影响它按要求执行功能。(IEC 60050-191)

— 故障诊断 Fault Diagnosis

识别和表征故障的行动。(国际电工委员会60050-191)

— 反馈 Feedback

产品在役期间,任何数据在不同利益相关者之间的传输过程。

— 现场可加载软件 Field Loadable Software

目标对象不需要从其安装位置拆卸,就可以安装在系统或产品的一个或多个设备上的软件。(S3000L)

— 固件 Firmware

可以加载到LRU或SRU,但安装时需要将目标从使用的系统上卸下,并需要进行组件替换。(S3000L)

— 编队 Fleet

在统一控制下运行的一组产品(如船舶、飞机、卡车、公共汽车、传感器、计算机等)。

— 功能 Function

产品的正常特征活动。（S4000P）

— 功能特性 Functional Characteristics

定量性能参数和设计约束，包括使用和保障参数及它们的公差。功能特性包括所有性能参数，如范围、速度、杀伤力、可靠性、维修性和安全性。（MIL-HDBK-61A）

— 功能检查 Functional Check

定量检查以确定产品的一个或多个功能或系统是否能在特定的约束下运行。任务必须能够检测退化，如磨损、泄漏等，而不仅仅是完全失效。（S4000P）

— 功能技术状态审计 Functional Configuration Audit

对技术状态项的功能特性的形式检查，或系统来验证该项目是否已达到指定的要求其功能和/或分配的技术状态文档。（MIL-HDBK-61A）

— 功能性故障 Functional Failure

产品或系统在指定的范围内执行其预期功能发生的故障。（S4000P）

— 功能性故障征兆 Functional Symptom

功能性故障征兆通过功能检查和/或功能损失或退化发现。当系统在运行时或通过功能检查可以检测出来。（S3000L）

— 功能性要求 Functions Required

完成任务必须具备的某一特性或特征的组合。（IEC 60050-191）

— 硬件物料危害性等级 Hardware Part Material Hazardous Class

识别在运输、搬运或储存过程中对健康、安全或财产构成重大风险的物品或物质。

— 综合后勤保障/综合保障 Integrated Logistics Support（ILS）

促进保障要素之间以及与说明、设计、开发、获取、测试、现场和保障技术系统等开发与集成的管理过程。（S3000L）

— 内部原因 Internal Cause

来自产品自身的使用的内部原因，如过度振动。（S3000L）

— 产品 Item

产品可以是零件、组件、设备、子系统、功能单元、设备或系统。产品可以由硬件、软件或两者结合组成。一组产品也可以当作一个产品。（国际电工委员会 60050-191）

— 工时 Labor Time

人员工作时间汇总。持续时间来自子任务。如果有多人并行工作的子任务，必须汇总每个工种的工作时间。（S3000L）

— 寿命周期成本 Life Cycle Cost（LCC）

它包括所有直接成本加上与之相关的间接成本，包括系统的采购、运维和系统处理。间接成本可能包括相关成本，如附加共用保障设备、附加行政人员、非相关成本，如新招聘人员招聘额外人员。不受引入系统影响的所有的间接成本相关的活动或资源，都不属于LCC。（NATO）

— 现场可更换单元 Line Replaceable Unit（LRU）

任何被设计为在其工作位置可以从产品上拆除的产品或组件。

— 故障定位 Localization（failure）

故障定位指示哪个产品或产品组失败。故障定位通常是对故障检测的补充。（S3000L）

— 保障延误时间 Logistic Delay Time

累积时间，不包括提供维修资源所需要的时间。（IEC 60050-191）

— 保障性分析 Logistics Support Analysis（LSA）

在研发过程及开展并持续全生命周期的科学与工程活动，作为系统工程和设计过程的一部分，配合满足保障性和其他综合保障活动要求。（S3000L）

— 维修性 Maintainability

在规定的技术水平和规定的程序和资源下，在每一个规定的维修级别进行维修时，产品被恢复到某一特定条件的能力。（S3000L）

— 维修 Maintenance

维修包括为了保留或恢复项目达到指定的性能水平而采取的所有行动等。它包括所有必要的技术和管理行动。（IEC 60050-191）

— 维修方案 Maintenance Concept

对维修相关因素、维修约束及使用保障策略等决定需要分析的系统/设备的维修级别及所需执行的维修活动类型的描述。（S3000L）

— 无维修使用周期Maintenance Free Operating Period

可接受（最小）的无维修使用周期，其中无维修使用周期是指不需要维修的间隔期。

— 维修级别类型名称 Maintenance Level Type Name

已知维修级别类型的名称。

— 维修工时 Maintenance Man Hours

执行维修人员所花费的时间总数。（IEC 60050-191）

— 重要维修产品 Maintenance Significant Item

经常失效，因此需要经常维修或对成本影响很大以及需要进行维修需求评估的重点关注产品。

— 维修时间 Maintenance Time

执行维修的时间间隔，包括维修活动时间、技术和保障延迟时间。（IEC 60050-191）

— 维修活动时间 Maintenance Time, Active

是整个维修时间的一部分，对物理对象执行维修操作时间，因此包括故障隔离故障诊断和后续测试。不包括保障延误时间。（IEC 60050-191）

— 修复性维修 Maintenance, Corrective

将故障产品全部恢复所需采取的所有的维修活动。（S3000L）

— 预防性维修 Maintenance, Preventive

为避免发生安全、经济或生态方面的严重故障或伤害所采取的维修活动。预防性维修还包括特殊事件发生后的维修活动，这些事件、时间间隔

或规则阈值难以定义。(S3000L)

— 计划性维修Maintenance, Scheduled

为避免发生安全、经济或生态方面的严重故障或伤害所采取的维修活动。这些维修任务都定义了相应的间隔期或阈值，如一定时间、循环、圈数、距离。计划维修是预防性维修的一个子集。(S3000L)

— 舰船安全关键件 Maritime Critical Safety Item

舰船关键件是指任何具有以下特征的部件、组件或支持设备，其故障、功能失效或缺少可导致：

(1) 船舶灭失或严重损坏的灾难性或严重故障。

(2) 不可接受的人身伤害或生命损失的风险。(48 CFR 209.270)

— 主数据Master Data

主数据表示在企业或项目上一致共享的业务对象。主数据是在多个系统、应用程序和/或进程中使用的公共业务数据的唯一来源。主数据的示例：组织、零件编号、组织、地点等。

— 平均修复性维修时间 Mean Active Corrective Maintenance Time

根据其维修频率计算的平均计划性/修复性维修时间的总和。(国际电工委员会IEC 60050-191)

— 平均故障间隔时间 Mean Time Between Failures (MTBF)

平均故障间隔时间是系统在使用期间预计的平均连续无故障时间。MTBF可以计算为系统故障之间的算术平均时间。MTBF的计算模型，假设在产品恢复过程中故障系统立即被修复（零时间）。这与平均故障时间（MTTF）相反，MTTF使用建模假设测量故障之间的平均时间，假设故障系统未被修复。(保障性分析（LSA）的国际程序标准S3000L)

— 平均首次故障前时间 Mean Time to First Failure

首次故障发生前的平均工作时间。(国际电工委员会IEC 60050-191)

— 平均故障间隔 Mean Variant Between Failures (MVBF)

类似于MTBF，但除时间或距离以外的任何其他变化应使用平均故

障间隔（MVBF），其中变量可单独定义。（国际电工委员会IEC 60050-191）

— 任务能力 Mission Capability

产品的状态，表明其可以执行能够至少一个或潜在的所有其指定的任务或分配的任务的能力。

— 任务剖面 Mission Profile

产品从开始工作到完成指定任务所经历的事件和环境的时间分阶段描述。它包含任务的每个阶段的任务或事件的持续时间、操作条件和环境。（联合可靠性和可维修性出版物ARMP-7）

— 型号标识 Model Identifier

型号标识符是一种唯一标识产品构型的代码。建议在整个ILS过程中将模型标识符与其他标识符结合使用。（保障性分析（LSA）的国际程序标准S3000L）

— 虚报故障 No Fault Found

具有失败报告的产品被送去修理，但随后无法再现或检测到报告的故障，并且项目满足其返回服务的要求。

— 不可修复件 Non Repairable Item

当零件或组件故障或失灵时，用户维修仅限于补充耗材或更换的零件或组，这类零件或组件称作不可修复件。（军事手册技术状态管理指南MIL-HDBK-61A）

— 报废 Obsolescence

报废是当不再需要某物体、服务或业务时所处的一种状态，即使它仍然处于良好的工作状态。报废经常发生是因为与维持或修复原始产品时所引起的缺点相比，当有问题的项目不再可用或其不能充分地执行创建它的功能时，替换已经变得可行，并且具有更多的优点。

— 使用要求 Operating Requirement

每个使用地点类型和合同产品的（年度）使用要求的值。

—— 使用时间 Operating Time

系统或设备开启和/或主动执行至少一项功能的时间。

—— 必要工作时间 Operating Time, Essential

在任务期间，产品需要处于工作状态时的时间段。（国际电工委员会IEC 60050-191）

—— 使用检查 Operational Check

使用检查是确定产品是否满足其预期目的的一项工作，是不允许误差查找故障的任务。（S4000P）

—— 战备完好性 Operational Readiness

产品执行其组织或设计的任务或功能的能力。可以表达一般意义上的安好性的水平或程度。

—— 零件编号 Part Number

用于标识产品的一组数字、字母或其他字符。

—— 物理分解结构 Physical Breakdown

基于工程设计模型/图纸的产品的硬件和软件的自上而下的表示。（保障性分析（LSA）的国际程序标准S3000L）

—— 物理技术状态审核 Physical Configuration Audit（PCA）

根据其技术文档对技术状态项的"已构建"技术状态进行正式检查，以建立或验证技术状态项的系统基线。（军事手册技术状态管理指南MIL-HDBK-61A）

—— 物理征候 Physical Symptom

通过视觉检查、磨损参数的测量、材料退化检测到的物理症状表征故障。当系统使用或进行检查或维修时，它是可检测或可测量的。（保障性分析（LSA）的国际程序标准S3000L）

—— 预防性维修 Preventative Maintenance

减少或降低故障发生的可能性所需执行的维修。（国际电工委员会IEC 60050-191）

— 产品 Product

产品是系统、子系统、组件/材料等的最终组合，如飞机、船舶、车辆或一个复杂的技术系统。产品始终代表任何层次分解的顶层。

保障性分析（LSA）的国际程序标准（S3000L）的定义是："任何平台、系统或设备（民用或军用的海、陆、空设备或设施）。"

— 使用寿命 Product Service Life

LSA候选项的预期服务的年数。

— 预测 Prognostics

使用一个或多个参数来预测一个产品在其未来工作中的定义关键点处的状态，以及何时其将不再能够执行其预期功能的过程。

— 可靠性和维修性（R&M）案例 R&M case

用于支持验证定义的系统是否满足可靠性和维修性需求一个验证场景。

— 记录 Record

存储在连续的内存位置或数据库条目中的两个或多个值或变量。

— 修复性 Recoverability

是指在故障后成功恢复（修理或不修理）的能力。

— 修复任务 Rectifying Task

一项维修活动，可以解决诸如故障、损坏、特殊事件或临界值等事件。任务由引用的支持任务和/或确定的工作步骤组成。（保障性分析（LSA）的国际程序标准S3000L）

— 引用数据 Reference Data

参考数据是一系列允许其他（主数据或事务）数据字段使用的值的合。典型的参考数据有测量单位、国家代码、固定转换率（如重量、温度或长度）。

— 可靠性 Reliability

在规定条件下产品或系统无故障运行的持续时间或概率，或在所述条件下一个产品可以执行其预期功能的概率，是保障资源的主要因素。（保障

性分析（LSA）的国际程序标准S3000L）

— 以可靠性为中心的维修 Reliability Centered Maintenance

用于确定计划性维修任务的标准逻辑或方法，以最小的资源消耗保证设备的固有可靠性。（保障性分析（LSA）的国际程序标准S3000L）

— 可靠性增长试验 Reliability Growth Tests

通过测试、故障分析、实施纠正措施和继续测试，以提高可靠性的迭代过程。（国际电工委员会IEC 60050-191）

— 基本可靠性 Reliability，Basic

产品在其寿命剖面内无失效或缺陷的执行其所需功能的能力。（联合可靠性和可维修性出版物ARMP-7）

— 任务可靠性 Reliability Mission

产品在指定任务剖面内的执行其所需功能的概率。（联合可靠性和可维修性出版物ARMP-7）

— 修理 Repair

（1）参见"修复任务"。

（2）减少但不能完全消除不符合项的程序。修理与返工的区别在于修理后产品的特性仍然不完全符合相关的图纸，规范或合同要求。（军事手册技术状态管理指南MIL-HDBK-61A）

— 修理时间 Repair Time

维修时间中的一部分，进行故障定位、故障校正和功能检查等维修操作所需的时间，不包括技术管理和保障延迟时间。（国际电工委员会IEC 60050-191）

— 可修理件 Repairable Item

发生失效或故障时，可以进行修理或重新加工的零件或组件。（军事手册技术状态管理指南MIL-HDBK-61A）

— 替换件 Replacement Item

可以与另一物品互换的产品，但是与被替换产品物理特性不同，除了正常的应用和附加的方法之外还需要钻孔、铰孔、切割、填充、垫补等操作。(军事手册技术状态管理指南MIL-HDBK-61A)

— 规定时间 Required Time

是用户要求产品达到可使用状态(可用)的时间间隔。(国际电工委员会IEC 60050-191)

— 航线检查 Routine Inspection

产品航线维修。例如,在飞机上,每日飞行前、转机/过境及飞行后检查。(国际标准开发和不断改进预防性的维修S4000P)

— 安全案例 Safety Case

(1)安全案例是一个合理的、有依据的论点,是一种记录和向利益相关者保证系统可接受的安全方法。

安全案例通常包括以下论点,基于特定的安全标准,以及支持性证据,如危险日志中总结或引用的证据。(国防系统安全管理要求DEF STAN 00-56)

(2)安全案例是一个结构化的论点,由大量证据支持,它提供了一个引人注目的、可理解的、有效的案例,即系统对于给定环境中的给定应用程序是安全的。(国防系统安全管理要求DEF STAN 00-56)

— 计划性维修间隔期 Scheduled Maintenance Interval

计划维修之间的(最小)使用单位数(如圈数、里程、小时)。

— 自诊断 Self-Diagnose

检测、反应和突出异常的能力;其中异常可能导致故障或不能按规定执行任务。

— 自检 Self-Checking

内置功能,用于检测自身功能中的错误。(国际电工委员会IEC 60050-191)

— 自测试 Self-Testing

机内测试能力,用于评估内部系统状态。(国际电工委员会IEC 60050-191)

— 序列号 Serial Number

由字母、数字、字符组成的识别号码,其以制造或最终测试的顺序依次分配，并且与制造商的识别CAGE代码一起，通过一个常见的系统跟踪基础标识符，唯一地标识了一组相似产品中的单个产品。（军事手册技术状态管理指南MIL-HDBK-61A）

— 系列化产品 Serialized Item

由原始设备制造商（OEM）和/或最终用户分配了个体标识符的部件，以便能够跟踪其个体的寿命、状态、状况和位置。

— 维修级别协议 Service Level Agreement（SLA）

提供服务的合同，其建立了服务提供商预期的响应时间或服务水平的确定度量。

— 保养 Servicing

润滑或其他保养任务，用以保持固有的设计能力。例如洗涤、补充消耗品等。（国际标准开发和不断改进预防性的维修S4000P）

— 共享内容对象参考模型（SCORM）Sharable Content Object Reference Model 确认

SCORM是不同创作应用程序用于格式化内容的标准格式，使内容可以轻松地导入到学习管理系统中。

— 车间可加载软件 Shop Loadable Software

需要将目标现场可更换单元（LRU）从其所在安装位置拆卸下，才可以加载到现场可更换单元的软件中。（保障性分析（LSA）的国际程序标准S3000L）

— 软件 Software

计算机程序，以及与计算机系统运行有关的相关文件和数据。（航空无线电技术委员会机载系统和设备认证中的软件注意事项RTCA DO-178B）

— 待机时间 Standby Time

待机（非工作的时间）的时间。（国际电工委员会IEC 60050-191）

— 状态记录 Status Record

描述产品在特定时刻状态的记录。

— 保障设备 Support Equipment

在其预期环境中，维修、测试或使用系统或设施所需的设备和计算机软件。（军事手册技术状态管理指南MIL-HDBK-61A）

— 系统技术状态文档 System Configuration Documentation

技术状态项的详细设计文档，包括接受系统交付所需的验证（第一条和验收检查）。根据程序生产/采购策略，系统技术状态文档中包含的设计信息可以像识别一个特定的零件号一样简单，或者与全面设计公开一样复杂。（军事手册技术状态管理指南MIL-HDBK-61A）

— 系统效能 System Effectiveness

系统能够在特定条件下给定时间内成功满足使用要求的能力。（国际电工委员会IEC 60050-191）

— 任务人员工时 Task Personnel Resource Labour Time

每个人员在任务/子任务内花费的时间。

— 任务总工时 Task Total Labour Time

在任务中花费的总时间。包括所有人员的劳动时间。

— 技术数据 Technical Data

技术数据是科学或技术性质（包括计算机软件文档）的记录信息（不论什么记录形式或方式）。（军事手册技术状态管理指南MIL-HDBK-61A）

— 技术数据包 Technical Data Package（TDP）

能充分支持采购战略、生产、工程和保障的产品的技术说明。描述定义了所需的设计技术状态和保证产品性能所需的程序。它包括所有适用的技术数据，如图纸和相关列表、规格、标准、性能要求、质量保证条款和包装细节。（军事手册技术状态管理指南MIL-HDBK-61A）

— 技术延误时间 Technical Delay

执行辅助技术操作所需的累积时间，而不是维修操作的一部分。（国际电工委员会IEC 60050-191）

— 测试 Test

确定或验证一个或多个特征的程序。(军事手册技术状态管理指南MIL-HDBK-61A)

— 测试性 Testability

一个产品能够建立测试标准和进行性能测试的程度。(国际电工委员会IEC 60050-191)

— 总拥有成本 Total Ownership Cost(TOC)

它包括作为寿命周期成本(LCC)一部分的所有元素以及间接、固定和相关成本。后者可能包括通用保障设备、通用设施、单位指挥所需的人员、行政、监督、作业规划和控制、燃料和弹药处理等项目。(北大西洋公约组织NATO)

— 训练设备 Training Equipment

用于支持培训的资源,如讲师、作业设备和其他相关硬件。(军事手册技术状态管理指南MIL-HDBK-61A)

— 故障隔离 Trouble Shooting

故障隔离包括,当故障不明显或无法通过以前的其他方式检测的,如机内测试,定位故障单元的过程。发生故障后需要进行故障隔离。(保障性分析(LSA)的国际程序标准S3000L)

— 意外行为 Unexpected Behavior

系统设计者或系统用户不希望的系统产生的行为,但是不能被限定为不合规。

— 用例 Use Case

当系统响应来自该系统外部的请求时,对系统行为的描述。换句话说,用例描述了"谁"可以对所讨论的系统做"什么"。用例技术用于通过功能需求详细描述场景驱动的线程来捕获系统的行为需求。

— 使用寿命 Useful Life

在给定条件下,从给定时刻开始的时间间隔,以及当故障强度变得不可接受时或当故障被认为不可修复时结束的时间间隔。(国际电工委员会IEC

60050-191）

— 保证 Warranty

保证是卖方明确或暗示的承诺，即出售物品或服务的某些事实是真实的，如果被证明是不正确的，则将提供赔偿。

— 全寿命成本 Whole Life Cost（WLC）

它包括作为总拥有成本（TOC）一部分的所有元素，以及间接、固定和非关联成本。这些后者可能包括家庭住房、医疗服务、礼仪单位、基本培训、总部和工作人员、学院、招聘人员等项目。在WLC中，组织产生的所有成本或费用都归结于其发生的系统或产品。（北大西洋公约组织NATO）

16.4 缩略语

A/C——Aircraft 飞机

AD——Airworthiness Directive 适航指令

ADR——Alternative Dispute Resolution 替代性争议解决机制

AIA——Aerospace Industries Association 航空航天工业协会

AOG——Aircraft On Ground 飞机停场

ARMP——Allied Reliability And Maintainability Publication 可靠性和可维修性综合出版物

ASD——AeroSpace and Defence Industries Association of Europe 欧洲航宇和防务工业协会

ATA——Air Transport Association 航空运输协会

ATE——Automatic Test Equipment 自动测试设备

BEI——Breakdown Element Identifier 分层元素标识符

BIT——Built-In Test 机内测试

BITE——Built In Test Equipment 机内测试设备

BOM——Business Object Model 业务对象模型

CAA——Civil Aviation Authority（UK）民用航空局（英国）

CAD——Computer-Aided Design 计算机辅助设计

CAMO——Continuous Airworthiness Management Organization 持续适航管理机构

C-BIT——Continuous Built-In Test 持续机内测试

CBS——Cost Breakdown Structure 成本分解结构

CDM——Common Data Model 通用数据模型

CHAP——Chapter 章节

CI——Configuration Item 技术状态项

COTS——Commercial Off The Shelf 货架商品

CRM——Customer Relationship Management 客户关系管理

D/L——Depot Level-also called ML3 基地级，也称ML3

DB——Database 数据库

DEX——Data Exchange specification 数据交换标准

DGAC-F——French Direction Générale de L'Aviation Civile 法国民航总局

DIN——Deutsches Institut für Normung e.V. 德国标准化协会

DIR——Dispatch Interruption Rate 调度中断率

DMC——Direct Maintenance Cost 直接维修成本

DMEWG——DATA Modelling and Exchange Work Group 数据建模与交换工作组

DoD——Department of Defense（USA）美国国防部

EASA——European Aviation Safety Agency 欧洲航空安全局

EBS——Equipment Breakdown Structure 设备分解结构

ECCAIRS——European Co-ordination Centre for Accident and Incident Reporting System 欧洲事故和事件报告系统协调中心

EOSL——End Of Service Life 服务有效期

ERC——Engineering Record Card 工程记录卡

ESG——Elektyonik system-und Logistik-GmbH 跨境电商

ETOPS——Extended-range Twin-engine Operational Performance Standards

双发延程飞行

FAA——Federal Aviation Authority（USA）联邦航空管理局（美国）

FFR——Flight Fault Report 飞行故障报告

FMECA——Failure Mode Effect Criticality Analysis 故障模式、影响及危害性分析

GCBS——Generic Cost Breakdown Structure 通用成本分解结构

GFF——Government Furnished Facilities 政府提供的设施

GFI——Government Furnished Information 政府提供的信息

HMD——Health Monitoring Data 健康监测数据

HUMS——Health and Usage Monitoring System 健康与使用监测系统

HW——Hardware 硬件

I/L——Intermediate Level – also called ML2 中继级，也称ML2

I-BIT——Initiated Built-In Test 启动机内测试

ICD——Interface Control Document 接口控制文档

ICOR——Input，Control，Output，Resource 输入、控制、输出和资源

IEC——International Electro technical Commission 国际电工委员会

IEEE——Institute of Electrical and Electronics Engineers 电气与电子工程师学会

IETP——Integrated Electronic Technical Publication 交互式电子技术出版物

IFM——Integrated Fleet Management 综合编队管理

ILS——Integrated Logistics Support 综合保障

ISMO——In-Service Maintenance Optimization 使用阶段维修优化

ISO——International Organization for Standardization 国际标准化组织

KPI——Key Progress Indicator 关键进度指标

LCC——Life Cycle Cost 寿命周期成本

LRI——Liner Replaceable Item 现场可更换件

LRU——Line Replaceable Unit 现场可更换单元

LSA——Logistics Support Analysis 保障性分析

LSAR——Logistics Support Analysis Report 保障性分析报告

LTB——Last Time Buy 上次采购时间

MC——Maintenance Cost 维修费用

MDT——Mean Down Time 平均停机时间

ML——Maintenance Level 维修级别

MMH——Mean Man-Hours 平均工时

MMS——Maintenance Management System 维修管理系统

MoD——Ministry of Defence（UK）国防部（英国）

MRBR——Maintenance Review Board Report 维修大纲

MRO——Maintenance，Repair and Overhaul 维护、修理和大修

MRT——Mean Repair Time 平均修复时间

MTBF——Mean Time Between Failures 平均故障间隔时间

MTBUR——Mean Time Between Unscheduled Removal 平均非计划拆换间隔时间

MTTR——Mean Time To Repair 平均维修时间

NATO——North Atlantic Treaty Organization 北大西洋公约组织

NFF——No Fault Found 不可再现故障

NSN——National Stock Number / NATO Stock Number 国家库存编号/NATO库存编号

O/L——Organizational Level – also called ML1 基层级，也称ML1

OASIS——Organization for the Advancement of Structured Information Standards 结构化信息标准促进组织

OBS——Organizational Breakdown Structure 组织分解结构

OCM——Original Component Manufacturer 初始组件制造商

OEM——Original Equipment Manufacturer 原始设备制造商

OMP——Obsolescence Management Plan 报废管理计划

P/N——Part Number 零件号

PARA——Paragraph 段落

P-BIT——Power-on Built-In Test 加电机内测试

PBL——Performance-Based Logistics 基于性能的保障

PCA——Physical Configuration Audit 物理技术状态审核

PDF——Portable Document Format 便携式文件格式

PDM——Product Data Management 产品数据管理

PHST——Packaging, Handling, Storage and Transportation 包装、搬运、储存和运输

PIREP——Pilot Report 飞行员报告

PLCS——Product Life-Cycle Support（ISO 10303-239）产品寿命周期保障（ISO 10303-239）

PLM——Product Life-cycle Management 产品寿命周期管理

PM——Product Manufacturer 产品制造商

PMA——Product Maintainer 产品维修商

POL——Petroleum, Oil and Lubricants 润滑油

PSM——Platform Specific Model 平台特定模型

RAMCT——Reliability, Availability, Maintainability, Capability and Testability 可靠性、可用性、维修性、能力和测试性

RBS——Readiness Based Sparing 备件满足率

RMT——Reliability, Availability and Maintainability 可靠性、维修性和可用性

RNAV——Area Navigation, Random navigation 区域导航、随机导航

RTCA——Radio Technical Commission for Aeronautics 航空无线电技术委员会

S/N——Serial Number 序列号

SB——Service Bulletin 服务通告

SCM——Supply Chain Management 供应链管理

SCORM——Sharable Content Object Reference Model 共享内容对象参考模型

SE——Support Equipment 保障设备

SHM——Structural Health Monitoring 结构健康监测

SLA——Service Level Agreement 合同条款和服务级别协议

SM——Specific Means 具体方法

SMR——Source，Maintenance and Recoverability 资源、维修和可恢复性

SMS——Safety Management System 安全管理体系

SRU——Shop Replaceable Unit 车间可更换单元

SSG——Symbolic Stream Generator 符号流生成器

STANAG——Standardization Agreement 标准化协议

STEP——STandard for the Exchange of Product model data 产品模型数据交换标准

SW——Software 软件

TAT——Turn Around Time 周转时间

TDP——Technical Data Package 技术数据包

TIR——Technical Investigation Report 技术调查报告

TOC——Total Ownership Cost 总拥有成本

UML——Unified Modeling Language 统一建模语言

UoF——Unit of Functionality 功能单位

WBS——Work Breakdown Structure 工作分解结构

WLC——Whole Life Cost 全寿命成本

XML——Extended Mark-up Language 可扩展标记语言

责任编辑：刘汉斌　　hbliu@ndip.cn
责任校对：李娟娟
封面设计：蒋秀芹

装备综合保障标准
S5000F 汇编与应用

▶ 上架建议：装备保障 ◀

http://www.ndip.cn

ISBN 978-7-118-11915-2

9 787118 119152 >

定价：68.00元